DIE NEUE GEMÜTLICHKEIT

DIE NEUE GEMÜTLICHKEIT

INSPIRATIONEN FÜR GEMÜTLICHES WOHNEN

Librero

Die Originalausgabe erschien 2018 unter dem Titel: *Cosy Interiors*

© 2018 Librero IBP (für die deutschsprachige Ausgabe)
Postbus 72, 5330 AB Kerkdriel, Niederlande

© 2018 booq publishing, S.L.
Redaktion: Oriol Magrinyà, Eva Serra
Artdirection: Mireia Casanovas Soley

Produktion der deutschsprachigen Ausgabe:
Tanja Timmerman vertaling & redactie
Übersetzung: Simone Kühn

Printed in India

ISBN: 978-94-6359-047-1

Bei der Zusammenstellung der Texte und Abbildungen wurde mit größter Sorgfalt vorgegangen. Trotzdem können Fehler nicht vollständig ausgeschlossen werden. Verlag und Autor können für fehlerhafte Angaben und deren Folgen weder juristische noch irgendeine Haftung übernehmen. Für Verbesserungsvorschläge und Hinweise auf Fehler sind Verlag und Autor dankbar.

SICH ZUHAUSE FÜHLEN

Die malerischen Inneneinrichtungen bilden ein Zuhause, und das ist für ihre Bewohner mehr als nur ein Dach über dem Kopf. Die Elemente dieser Inneneinrichtungen sind mehr als bloße Gegenstände, die die Räume füllen. Diese Häuser sammeln Erinnerungen, die möglicherweise über das Leben der Bewohner hinaus bewahrt werden. Einige von ihnen ändern ihre Funktion und werden zu besonderen Objekten, denen wir uns mehr und mehr verbunden fühlen. Ob es sich um eine Tagesdecke, ein Familienfoto, ein feines Tischset oder einen antiken Tisch handelt, wir umgeben uns gerne mit Dingen, die unser Zuhause angenehm machen und mit denen wir uns gut fühlen.

Die Gestaltung eines Hauses geschieht nicht im Handumdrehen. Sie braucht Zeit. Zeit, sich umzuschauen und über die Gefühle nachzudenken, die die verschiedenen Räume hervorrufen. Nach und nach füllen sich die Räume unserer Häuser mit Objekten und Materialien, die unsere Aufmerksamkeit erregt haben und die aus dem ein oder anderen Grund bedeutsam für uns sind.

Vielleicht haben diese Gewohnheiten den Weg für das wachsende Interesse an antiken Gegenständen geebnet. Alte Objekte und Möbelstücke und Teile von abgerissenen Gebäuden haben zu neuem Leben gefunden, wurden einem neuen Zweck zugeführt und auf kreative Weise zusammengesetzt, um eine neue Umgebung zu schaffen.

Jedes der Elemente hat seinen besonderen Platz in unserem Zuhause. Ihre Anwesenheit sorgt für eine vertraute Atmosphäre aus Komfort und Geborgenheit, sodass unser Zuhause zu dem Ort wird, an dem wir sein möchten. Wie gerne kommen wir nach Hause und denken, dass es keinen besseren Ort gibt. Nach unseren täglichen Aktivitäten heißen uns die Gemütlichkeit und der Komfort unseres Heims willkommen.

WOHNZIMMER

Viele Kissen auf Sofas und Stühlen und unglaublich weiche Tagesdecken eignen sich perfekt, um einen hektischen Tag entspannt ausklingen zu lassen oder sich bei schlechtem Wetter in wohlige Wärme zu hüllen. Der Wohnbereich ist der Raum des Hauses für Geselligkeit und Entspannung. Er soll einladend und komfortabel sein, ganz gleich, was wir darin tun. Die Farben sollen weder neutral noch beruhigend sein, aber es scheint zu funktionieren, dass neutrale Elemente wie Teppiche aus Naturfasern, Holzmöbel und Keramikgegenstände den Look eines übermäßig verfeinerten Interieurs mildern.

Die Neugestaltung dieses Appartements löst sich von der traditionellen Raumaufteilung zugunsten einer minimalen Trennung der verschiedenen Funktionen des Wohnraums. Ohne Flure oder Türen fördert das neue Design den Zirkulationsfluss. Die Räume sind großflächig, aber – was viel wichtiger ist – sie strahlen durch die Verwendung der Materialien und Verzierungen eine gewisse Gemütlichkeit aus.

Kamine sind der Blickpunkt eines Hauses. Neben ihrer wärmenden Funktion an kalten Wintertagen, erwecken sie im Betrachter ein Gefühl der Nostalgie und Zusammengehörigkeit. Diese tiefe und emotionale Bedeutung macht den Kamin zum Inbegriff von Gemütlichkeit, Komfort und allem anderen, was Zuhause bedeutet.

Skandinavisches Design um die Mitte des Jahrhunderts floss ein in die Renovierung eines verfallenen Bauernhauses. Die alte Struktur wurde in ein Ferienhaus mit einer schlichten Ästhetik für das einfache Leben verwandelt.

Das Gebäude aus dem 17. Jahrhundert, in dem früher Olivenöl gepresst wurde, wurde umgebaut, um die Wohnbedürfnisse einer Familie zu erfüllen. Die einfachen Designelemente waren das Schlüsselelement zur Hervorhebung des ursprünglichen Charakters des Gebäudes, während die Möbel ausgesucht wurden, um die monumentale Größe der Räume in wohnliche Proportionen zu wandeln und ihnen eine harmonische, ruhige und entspannte Atmosphäre zu verleihen.

Eines der vielleicht erfreulichsten Ergebnisse einer Umgestaltung ist die Bewahrung des stilistischen Wesens eines Raums. Ein wesentlicher Teil der Arbeit konzentriert sich auf die Restauration der architektonischen Elemente, die einen besonderen historischen und dekorativen Wert haben. Der alte Charme des Kamins, der Gipsdecken und der Teppiche bilden den einzigartigen Hintergrund für eine zum Entspannen einladende Atmosphäre.

Das Bauernhaus der Designerin Leanne Ford aus dem Jahr 1945 ist mit Einzelstücken gefüllt. Während der Umgestaltung wurde das Bauernhaus zum Labor, in dem sie mit ihren neuen Designideen spielen konnte.

Zu ihrer extensiven Verwendung von Weiß sagt sie: „Weiß ist die Ruhe zwischen den Tönen, die Pause in einem Gedicht." Weiß ist die beruhigende Verbindung in ihren kirchlich anmutenden Räumen und eine optimale Kulisse für die Präsentation organischer und struktureller Elemente wie Holz.

Die Objekte moderner Kunst und die von der Mitte des Jahrhunderts inspirierten Möbel machen dieses Appartement zu einer Komfortzone, welche die Persönlichkeit des Bewohners reflektiert.

Es gibt nichts Besseres als einen Kamin, um ein Haus im eigentlichen und übertragenen Sinn zu wärmen. Traditionell ist er das Herzstück des Hauses und ästhetisch ist er der Blickpunkt, der ein leeres Haus sofort in ein einladendes verwandelt.

Teppiche begrenzen bestimmte Bereiche und verändern die Wahrnehmung der Proportionen eines Raums hin zu mehr Gemütlichkeit. Dies hat die Designerin Louise Liljencrantz im Entwurf einer intimen, mit Plüschsesseln ausgestatteten Sitzecke erreicht. Eine Auswahl aus feinen Möbelstücken aus der Mitte des Jahrhunderts und dekorativen Elementen belegen das exquisite Auge der Designerin für das Detail.

Florale Motive und abstrakte geometrische Formen bilden raffinierte Designs, um die gesamte Bodenfläche zu bedecken und den Raum optisch interessanter zu gestalten. Bunt glasierte Zementfliesen werden unter dem Einfluss des erfolgreichen Vintage-Trends und der Wertschätzung handgefertigter Gegenstände als Bodenbelag immer beliebter.

FLURE

Flure und insbesondere Eingangsbereiche sind Räume, die Ihnen einen Eindruck davon vermitteln, was Sie im Innern erwarten wird. Flure sind in der Regel nicht geräumig, was bedeutet, dass sie nicht überladen werden dürfen. Andererseits gibt es nichts Schöneres, als durch einen unscheinbaren Flur zu gehen. In den meisten Fällen ist ein einfaches Designelement ausreichend. Es ist überraschend zu sehen, was mit Farbe und Struktur erreicht werden kann, um herausfordernde Räume mit Wärme zu füllen und ihr volles Potenzial auszuschöpfen.

In diesem Haus erschließen Stufen eine Rei-
henfolge von Räumen, wobei ein Raum in den
nächsten führt. Trotz dieser Weitläufigkeit cha-
rakterisiert sich jeder Raum, wie diese Eingangs-
halle, durch spezifische Elemente. Ein elegantes
Palisandersofa, ein Kelim-Teppich und ein Kunst-
objekt an der Wand verleihen diesem Bereich
seinen unverwechselbaren Charakter.

Der subtile Bogen der Treppenwange und das Parkett mildern das Design dieses Treppenhauses, das von einem minimalistischen Handlauf aus Stahl und Holz dominiert wird. Der Wandschmuck nimmt die warmen Töne des Holzbodens und des Handlaufs auf.

Die Neugestaltung eines alten Appartements wurde mit frischem und objektivem Blick unternommen, ohne den ursprünglichen Charakter zu verändern. Schlichte und funktionale Möbelstücke erfüllen die Grundbedürfnisse nach Beleuchtung und Aufbewahrung.

Dieses Appartement wurde ursprünglich im frühen 20. Jahrhundert gebaut, aber im Laufe der Zeit raubten ihm schlecht ausgeführte Veränderungen seinen ursprünglichen Charme. Eine kürzliche Umgestaltung umfasste die Entfernung der Aluminiumheizkörper und Kunststofffenster. Diese wurden durch gusseiserne Heizkörper und Holzrahmenfenster passend zur Bauzeit des Appartements ersetzt.

ESSZIMMER

Sich für eine Mahlzeit um einen Tisch zu versammeln ist der beste Gelegenheit, ins Gespräch zu kommen und Beziehungen zu stärken. Der Esstisch wurde zum Symbol für den Zusammenhalt der Familie und Freundschaft. Er ist möglicherweise das erste Möbelstück, das wir gekauft haben, und das wichtigste in unserem Zuhause. Wie der Esstisch Leben ins Haus bringt, so können dies auch seine Dekoration und die Stühle, die sich um ihn sammeln. Als Mittelpunkt wird der Tisch am besten durch ein wirkungsvolles Dekor der ihn umgebenden Elemente in Szene gesetzt.

Farbtrends kommen und gehen, aber die Attraktivität von Weiß bleibt unverändert. Mit den verschiedenen Abstufungen von Weiß, die eine unglaubliche Vielfalt von dezenten Variationen bieten, sind weiße Inneneinrichtungen weder langweilig, noch klinisch. Sie reflektieren weder mangelnden Geschmack noch eine schwache Persönlichkeit, ebenso wenig wie Räume in kräftigen Farben und Mustern eine starke Persönlichkeit reflektieren.

Unter Beibehaltung des einzigartigen Charmes skandinavischer Häuser verfügt das Esszimmer über eine entspannte und harmonische Eleganz. Man kann nachweislich nicht falsch liegen, wenn man sich für neutrale Elemente entscheidet. Es geht dabei nicht um Farbbeschränkungen. Es geht vielmehr darum, das Licht zu feiern, um die vielen kalten und dunklen Tage zu beleben.

Eine subtile Kulisse aus weißen Wänden und Decken sowie ein cremefarbener Teppich stellen die strukturellen Elemente des Esszimmers dar. Die Stühle mit geflochtenen Sitzflächen um den rechteckigen Holztisch geben den Ton an und haben großen Einfluss auf die Stimmung: Das ist der Ort, an dem Familie und Freunde für ihr körperliches und seelisches Wohl sorgen.

Das Herausreißen der Wände in diesem Appartement in Barcelona öffnete den Raum und schuf Platz für viele Designmöglichkeiten. Der neue Grundriss entfaltete ein Arrangement aus farbenfrohen Bodenmustern mit einem Effekt, der auch von Teppichen erzeugt wird.

Große Möbelstücke beherbergen verschiedene Funktionen und dienen als räumliche Trennung, um den Raum in diesem kleinen Appartement zu organisieren. Der Essbereich ist einfach möbliert, aber dennoch einladend. Diese Wirkung wird durch die Verwendung natürlicher Materialien und reicher Strukturen erzielt, die vom warmen Schimmer der Leuchte über dem Tisch hervorgehoben werden.

Teakmöbel, Schilfwandschirme und Natursteinwände sorgen für Wärme in diesem Haus aus Beton und Glas, und lassen die Grenzen zwischen Innen und Außen verschwimmen.

KÜCHEN

Küchen haben sich von streng funktionalen Räumen, die im Allgemeinen vom restlichen Haus isoliert waren, in einen Treffpunkt für Familie und Gäste verwandelt. Soziales Miteinander ist ein neuer Trend, und als öffentlicher Raum sollte die Küche optisch ansprechend gestaltet sein, ohne überladen zu wirken. Kupfertöpfe und Holzlöffel, Bücher und Kunstwerke schmücken diesen Raum und lassen ihn einladender wirken, ohne seine Funktionalität einzuschränken.

Die Edelstahlküchenschränke wirken weniger kalt, wenn sie mit dem rauen Steinboden und der weiß getünchten, gewölbten Decke dieses alten Hauses kombiniert werden. Die sich auf den Oberflächen der Edelstahlschränke spiegelnden warmen Töne des Steinbodens weichen den Kontrast auf.

Ein Originalbauernhaus von ungefähr 1850 wurde liebevoll restauriert. Auch wenn sie neu ist, die Materialauswahl spiegelt die historischen Verzierungen wider. Der Küchenboden besteht aus marokkanischen Fliesen, und alle Holzarbeiten sind maßgefertigt aus dem wiederverwerteten Holz der Scheunen, die auf dem Grundstück abgerissen wurden.

SCHLAFZIMMER

Materialien, die die Sinne verwöhnen, sind wesentlich für die Gestaltung des ultimativen Refugiums, das der persönlichen Zeit und Entspannung dient. Priorität hat, dass die Außenwelt nicht in diesen Bereich eindringen kann und er eine stressfreie Zone bleibt. Das Schlafzimmer ist ein Raum zum Ausruhen und Aufladen der Batterien – Tag und Nacht. Ziel ist, die entsprechende Stimmung durch passende Möbel und Materialien zu erzeugen. Ob in einem Kissen, einer Decke, einem Teppich oder einem Sessel – die Verwendung unterschiedlicher Strukturen verleiht einem Schlafzimmer Dimension.

Helle Wand- und Bodenpaneele aus Eiche leisten ihren Beitrag zur orientalischen Ästhetik.
Die klaren Linien des Bettrahmens und des
Stuhls runden das Dekor dieses ruhigen Zu-
fluchtsorts ab.

Natürliche Materialien haben das Potenzial, reichhaltige strukturelle Feinheiten auszudrücken. Dieses Potenzial kann auf die Verwendung von Baumaterialien, wie Beton, erweitert werden. Die eingeprägte Holzmaserung auf der Betonoberfläche mildert die normalerweise strenge Ausstrahlung des Betons und macht ihn einladend und dekorativ.

Die einladenden Glastüren mit anmutigen Bögen dienen der Helligkeit des Raums. Weiß strahlt eine positive Atmosphäre aus. Die weiße Farbe und das Licht lassen die Materialien ihre strukturelle Attraktivität optisch und haptisch entfalten, um Emotionen und Gefühle zu wecken.

Dieses Schlafzimmer ist großzügig in seinen Proportionen und der Fülle des Lichts, das durch das große Fenster fällt. Es erhält seine Identität durch eine beruhigende Farbkombination aus Nebelgrau und Weiß sowie einer einfachen, aber eleganten Auswahl von Kunstobjekten und Möbelstücken.

Der geräumige Eindruck dieses Schlafzimmers wird nicht nur durch die Dominanz von Weiß und seine Lichtfülle erreicht, sondern auch, weil die Räume, die dieses Hauptschlafzimmer bilden, ineinander übergehen. Trotz dieser Offenheit entsteht eine Atmosphäre gemütlichen Komforts und ungestörter Privatsphäre.

Dachböden haben häufig das Potenzial, zu einem speziellen Ort oder Rückzugsgebiet zu werden, in dem man in der Vergangenheit schwelgen kann, in welcher der Dachboden als persönliches Refugium betrachtet wurde. Dachschrägen und freigelegte Dachbalken und Träger tragen zum unverwechselbaren Charakter bei.

Die bunt glasierten Zementbodenfliesen sind zweifellos einer der Schätze, die in vielen Jugendstil-appartements in Barcelona verborgen sind. Wenn die Eigentümer der Appartements umfassende Umgestaltungen vornehmen, um die Appartements an den modernen Lebensstandard anzupassen, werden ganze Böden erhalten, um das antike Flair mit modernem Design zu verschmelzen.

Natürliche Materialen und Erdtöne verleihen diesem Schlafzimmer eine organische Atmosphäre und offenbaren eine Handwerkskunst, welche die Nostalgie des einfachen Lebens zurückbringt. Ein beruhigendes Dekor ermöglicht dem Geist, zur Ruhe zu kommen.

BADEZIMMER

Fliesen, Porzellan und Metall können Badezimmer kalt und klinisch aussehen lassen. Verwandeln Sie Herausforderungen in Designmöglichkeiten, und das Badezimmer ist der perfekte Raum, um mit neuen Ideen zu experimentieren. Ein Mix aus Materialien und Verzierungen, einschließlich Fliesen, kräftige Farben, Tapeten, Stein, Kupfer, Messing, Holz, Muster und Struktur, können einfach zur Gestaltung eines ansprechenden Interieurs beitragen, das Sie einlädt, die Hektik des Tages hinter sich zu lassen, und trotzdem die praktischen Anforderungen eines geschäftigen Lebens erfüllt.

Keine Fresken und Mosaike, dennoch muss man an die höhlenartigen römischen Bäder denken, wenn man diese Bilder betrachtet. Mit den gewölbten Decken, Natursteinböden und dem gefilterten Licht, das durch die hohen Fenster fällt, nimmt das Baderitual eine höhere Bedeutung ein. Alle diese Elemente verschmelzen miteinander, um dem Badezimmer einen authentischen, Zen-artigen Charakter zu verleihen.

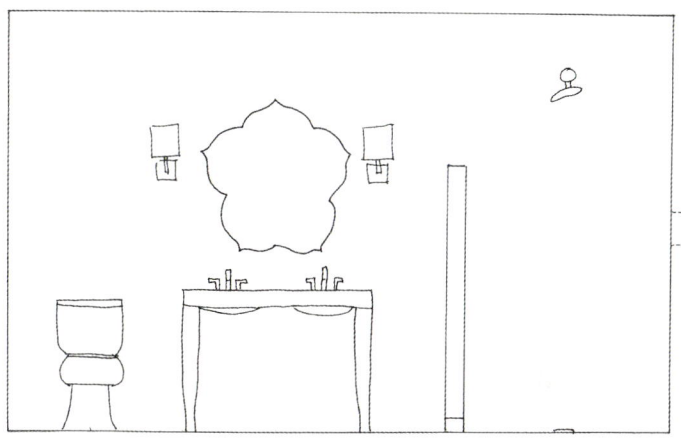

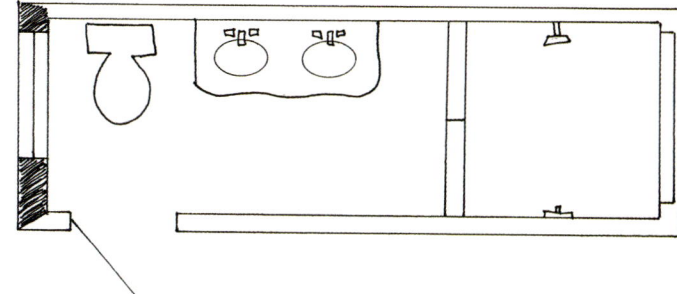

Badezimmer Grundriss und Aufrisszeichnung

Form und Farbe spielen eine wichtige Rolle für die Stimmung dieses Badezimmers. Auf der einen Seite spricht die Kombination aus weißen und grünen Marmorfliesen für Reinheit, Frische und Natur. Auf der anderen Seite sorgen das zierliche geschwungene Doppelwaschbecken, die gedrehten Beine des Toilettentischs und der florale Spiegel für einen sinnlichen Touch.

Ein maßgefertigter Toilettentisch aus Walnuss mit einem massiven Betonaufsatz und integriertem Waschbecken bildet den Schwerpunkt dieser Gästetoilette. Hier wiederholen sich auch das Design und die Farbauswahl des auf der vorherigen Seite abgebildeten Badezimmers.

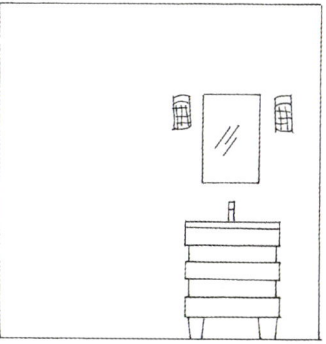

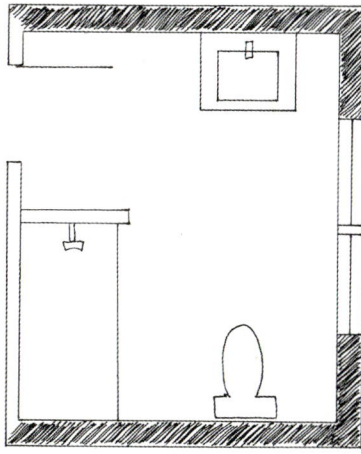

Badezimmer Grundriss und Aufrisszeichnung

Dieser hölzerne Lamellenwandschirm lässt die Vorteile von Ensuite-Badezimmern entdecken, die den Bereich des Schlafzimmers erweitern. Er bewahrt die optische Verbindung zwischen zwei Zonen und erlaubt einen natürlichen Lichteinfall bis tief in den Raum. Das natürliche Material des Wandschirms verleiht dem Raum eine heimelige Atmosphäre.

Ein Badezimmerdesign verwandelt sich in einen persönlichen Wellnessbereich, wobei die Badewannen den Mittelpunkt bilden und ein schlicht-funktionales Badezimmer zum idealen Ort machen, um Spannungen und Stress abzubauen.

Dieses Badezimmer strahlt durch den Beton Stärke und Langlebigkeit aus und durch das Holz Wärme und Natürlichkeit. Diese feinfühlige Verwendung von Materialien macht das Badezimmer zu einem Wellnessbereich, in dem man den Alltag vergessen und Körper und Seele reinigen kann.

AUSSENBEREICHE

Außenbereiche verdienen dieselbe Aufmerksamkeit bei der Gestaltung wie jeder Raum des Hauses. Ungeachtet der Größe, stellen sie eine Erweiterung des Innenraums dar und sollten deshalb mit ähnlichen Designelementen gestaltet werden. Um einem Außenbereich Charme und Persönlichkeit zu verleihen, bedarf es keiner besonderen Fähigkeiten, sondern lediglich der Auswahl des passenden Materials und der passenden Verzierung. Pergolen, Holzgitter, Sitzgelegenheiten und Pflanzen leisten ihren Beitrag für ein gemütliches Außenzimmer zur Entspannung und Unterhaltung.

Mit Blick auf den Horizont ist diese gemütliche Sitzecke durch die Wände auf drei Seiten vor Wind geschützt. Die dritte Wand, die im Bild nicht gezeigt wird, besteht aus einer Reihe von Glasschiebetüren, die bei gutem Wetter die Grenzen zwischen Wohnzimmer und Außenbereich verschwimmen lassen.

Dieser Innenhof stellt einen sonnendurchfluteten Übergang zwischen verschiedenen Zonen des Hauses dar. Neue Durchblicke wurden über die volle Länge des Gebäudes geschaffen, sodass alle Innenräume ein Fenster zum Garten haben.

Die Terrasse dieses Appartements ist ein wichtiger Treffpunkt und verborgener Rückzugsort, um ein paar Stunden in Ruhe zu verbringen. Die Bambusmarkise schützt vor den neugierigen Blicken der Nachbarn und ist eine Erweiterung des Innenraums. Der Holzboden und die Holzmöbel, die durch einen Teppich und einige Kissen ergänzt werden, runden das lässige Flair der Terrasse ab.

Komfortable Sitzgelegenheiten, ein Hauch von Natur und der Panoramablick sind die wesentlichen Elemente, die diesen Balkon zu einem Ort machen, an dem man gerne seine Zeit verbringt.

Diese Terrasse genießt eine große Privatsphäre ohne den Blick auf die umgebende Landschaft zu verlieren. Eine eingebaute Bank bietet ausreichend Sitzfläche für unterhaltsame Stunden, während Schilfrohrgitter für einen Hauch von Wärme und den notwendigen Schatten über dem Esstisch sorgen.

PROJEKTE

DIE RAFFINIERTE, ZURÜCKHALTENDE AUSSTRAHLUNG EINES RESTAURIERTEN SANDSTEINHAUSES

Dieses charmante Haus entpuppte sich als Traumhaus von Melissa Lee, Eigentümerin von Bespoke Only, das die drei oberen Stockwerke des Sandsteinhauses einnimmt. Schwerpunkt des Designs war dabei die Öffnung der Grundrisse auf allen drei Seiten. Die Gebäudetypologie musste allerdings respektiert werden. Mit diesen Ideen schloss sich Melissa mit der Architektin Sarah Jacoby zusammen, um hellere und zeitgenössischere Lebensräume zu schaffen, während die Elemente, die auf die frühen Tage des 100 Jahre alten Gebäudes hinweisen, strategisch restauriert wurden.

Sarah Jacoby Architect und Bespoke Only
Brooklyn, New York, USA
Fotografie © Ty Cole/OTTO

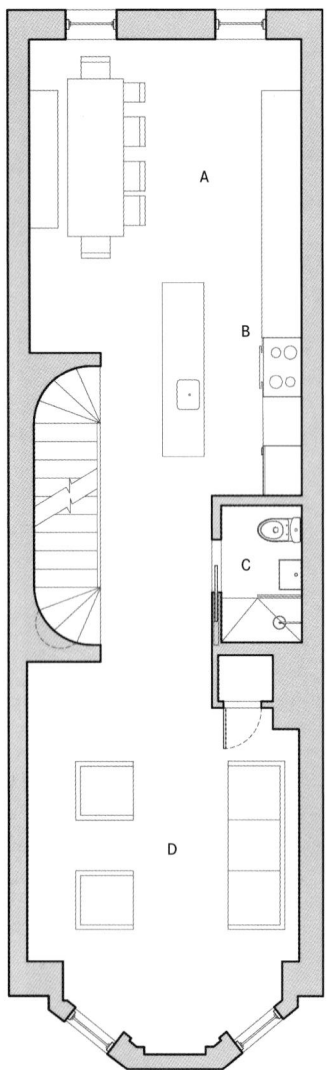

Plan der unteren Etage

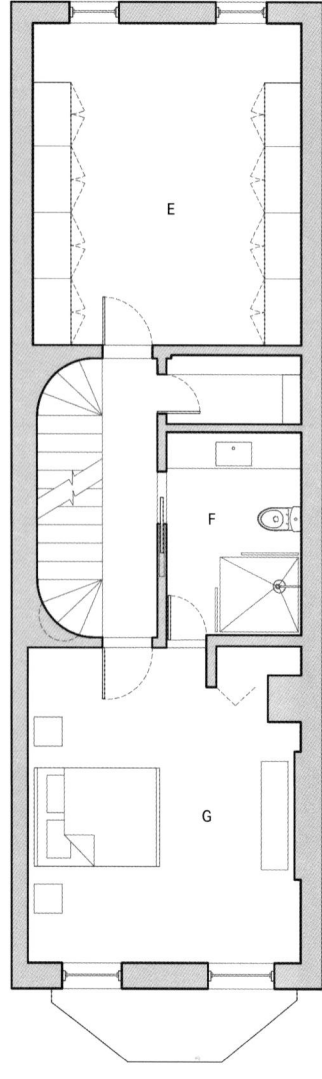

Plan der oberen Etage

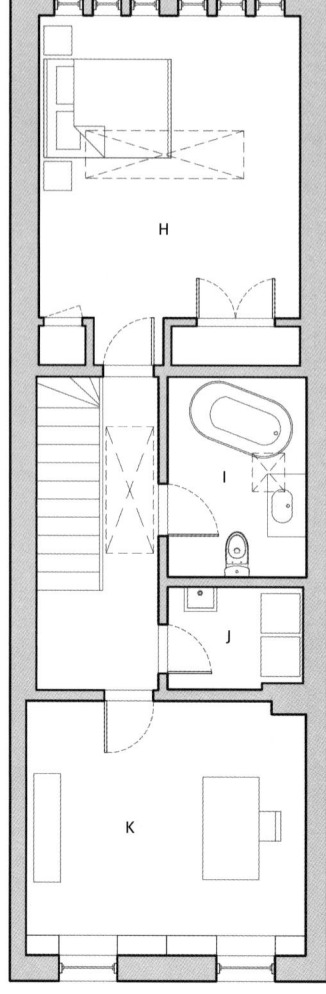

Dachbodenplan

A. Essbereich
B. Küche
C. Badezimmer
D. Wohnzimmer
E. Begehbarer
   Kleiderschrank

F. Hauptschrank
G. Hauptschlafzimmer
H. Gästezimmer
I. Gästebad
J. Hauswirtschaftsraum
K. Arbeitszimmer

Das Haus wurde umfassend renoviert, um moderne und komfortable offene Wohnräume zu schaffen. Dies ermöglichte eine kreativere und flexiblere Aufstellung der Möbel, was eine zusammenhängende und fließende Umgebung förderte.

Im unteren Stockwerk des dreistöckigen Hauses wurde eine tragende Wand entfernt und durch eine offene Stahlstruktur ersetzt, um eine offene Küche und einen offenen Essbereich zu schaffen.

Die vorhandenen Böden wurden gebleicht und historisch passende Fenster und Friese eingebaut. Diese Kombination verlieh dem Haus mehr Helligkeit und Frische und bereitete den Boden für einen vielseitigen Mix aus Antiquitäten und modernen Möbelstücken.

Im oberen Stockwerk wurden drei Wände mit Kassettenwandverkleidungen verziert, während die Fensterwand mit tiefen Regalen und Fensterbänken ausgebaut wurde. Die Kombination aus der kräftigen blaugrünen Farbe, dem gebeizten dunklen Holz, der niedrigen Deckenhöhe und dem Südlicht schaffen ein verlockendes und privates Refugium innerhalb des Hauses.

Die Badezimmer wurden so gestaltet, dass man gerne Zeit darin verbringt. Dies wurde durch eine besonders sorgfältige Gestaltung der Details und den Wunsch, diese Räume attraktiv und einladend zu gestalten, erreicht.

COTTAGE IN DEN ADIRONDACKS

RÜCKZUGSORT AM LAKE
CHAMPLAIN

Serge Castella und Jason Flinn nahmen die Haussuche nicht
allzu ernst, als sie über dieses niederländische Kolonialhaus
aus dem Jahr 1880 stolperten. Es war nicht besonders attraktiv in einer Straße mit Federal Style-Häusern mit Säulen und
Friesen. Dieses Haus hatte ein Mansarddach. Es war lange
vernachlässigt worden und sehr reparaturbedürftig. Mit ihrer
umfangreichen Erfahrung in der Renovierung von Häusern auf
der ganzen Welt dauerte es nicht lange, bis sie die gute Grund-
struktur des Hauses erkannten und erste Ideen entwickelten,
um dieses Haus in ein Sommerhaus zu verwandeln.

Serge Castella Interiors
Essex, New York, USA

Fotografie © Manolo Yllera

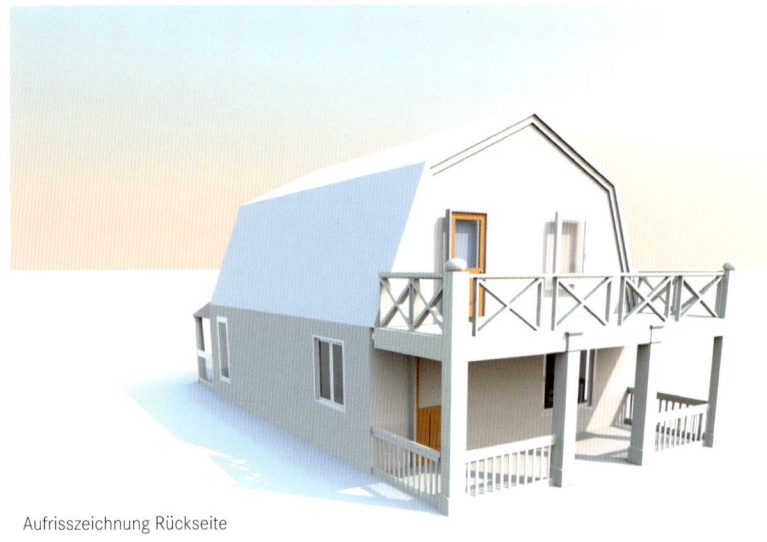

Aufrisszeichnung Rückseite

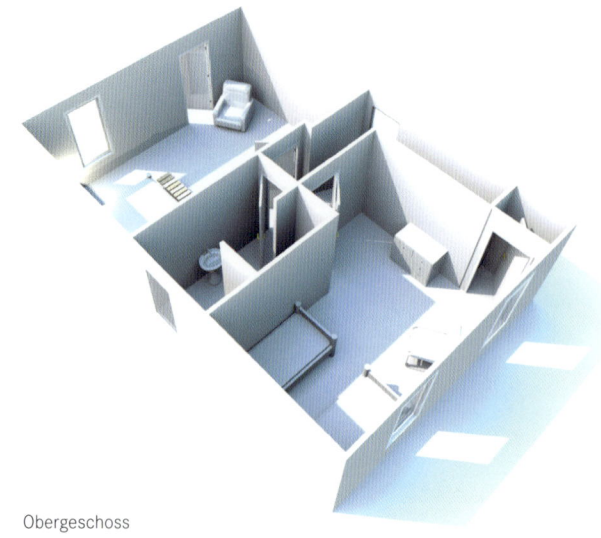

Obergeschoss

Aufrisszeichnung Vorderseite

Erdgeschoss

Das Haus wurde entkernt und rund um den Treppenaufgang, der erhalten wurde, neu aufgebaut. Die Arbeiten konzentrierten sich hauptsächlich auf die Schaffung von Räumen, die nahtlos ineinander übergehen. Die Veranda auf der Vorder- und Rückseite sowie die Terrasse im Obergeschoss mit dem traumhaften Blick auf den Champlain-See sorgen für ein Zuhause, das zur Geselligkeit einlädt.

Über die notwendigen Reparaturen hinaus zogen mit der Renovierung auch Funktionalität und Komfort in das Haus ein. Es sollte so gestaltet werden, dass es nicht nur im Sommer, sondern das ganze Jahr über genutzt werden kann. Um natürliches Licht hereinzulassen, wurden mit Ausnahme von zwei Fenstern, die geschlossen wurden, um zusätzliche Wandfläche zu schaffen, alle Fenster erhalten.

Die Farbpalette verleiht dem Haus ein lässiges und pragmatisches Flair und spiegelt die Farbtöne der benachbarten Federal Style-Häuser wider. Das weiße Interieur bietet eine Kulisse für die vielen Gegenstände, die in Antiquitätengeschäften und auf Flohmärkten erworben wurden und den Geschmack und die Interessen der Eigentümer reflektieren.

EIN GEMÜTLICHER RAUM MIT VORNEHMEM CHARME

Das Maryland, das im Jahr 1912 vom Architekten Bernard Mecklenburg entworfen und gebaut wurde, ist ein stattlicher, glamouröser und gut erhaltener Wohnkomplex. Cody Derrick von cityhomeCOLLECTIVE – eine Immobilien- und Designboutique – kaufte eine Eckwohnung im Gebäude. Er hatte in einem größeren, modernen Haus mit einem offenen Grundriss gewohnt, aber die Wohnung im Maryland hatte die Förmlichkeit und Wärme, nach denen er sich gesehnt hatte. Mit einem bemerkenswerten Händchen für phantasievolle Qualität und dekorativem Gespür gestaltete Cody das Interieur der Wohnung.

---

cityhomeCOLLECTIVE
Cody Derrick. Eigentümer / Designer
Salt Lake City, Utah, USA

Fotografie © Lucy Call

Cody nutzte das natürliche Licht, das alle Räume der Wohnung durchflutet, in vollem Umfang aus. Hierdurch konnte er eine Farbpalette aus gedeckten Farben wählen. Mit dem Licht wirken die Räume nicht nur weniger bedrückend, es macht vielmehr auch die Farben satt und strahlend.

Dunkel und Hell existieren nebeneinander und verleihen sich wechselseitig Energie. Schlichte, einfache, saubere und moderne Räume werden in eine düstere viktorianische und fast makabre Atmosphäre getaucht. Nur ein schmaler Grat trennt diese harmonische Koexistenz vom Chaos. Dennoch ist dieser Ort sicher und einladend.

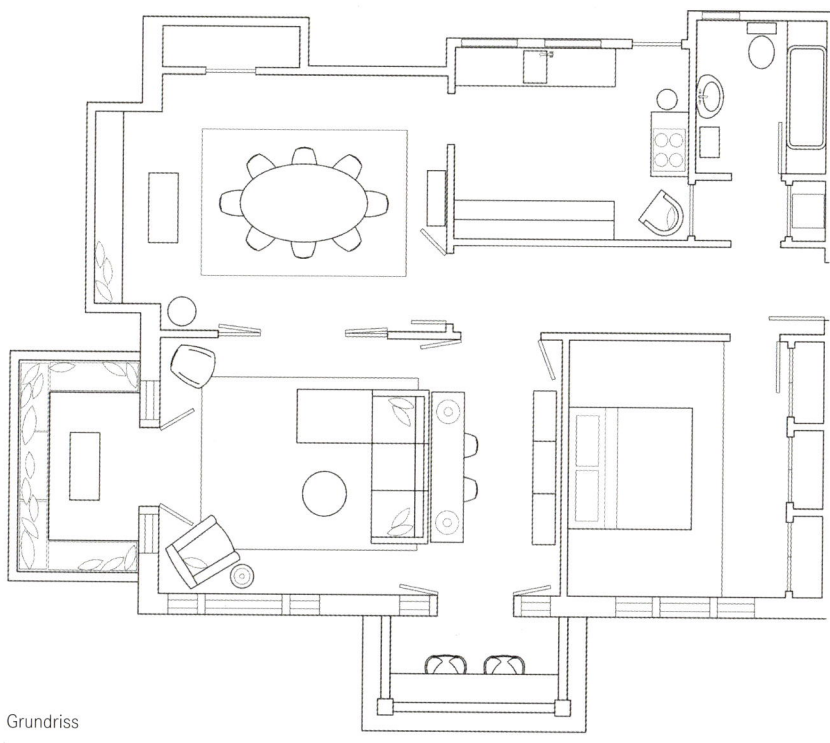

Grundriss

Im Wohnzimmer sind die Wände mit einer Tapete mit Buchregalaufdruck gestaltet, welche die Atmosphäre einer alten Bibliothek entstehen lässt, düster und beruhigend zugleich. Die ursprünglichen Holzarbeiten wurden erhalten, um die Authentizität des Raums zu unterstreichen.

Die Glasveranda ist ein gemütlicher, einladender Winkel in der Wohnung. Eine eingebaute Bank an der Fensterwand schafft den perfekten Ort zum Lesen.

Im Maryland wohnten einst die im Bergbau beschäftigten Wohlhabenden, während sie den Bau ihrer Häuser beaufsichtigten. Noch heute strahlt das Interieur die Atmosphäre eines Gentelmen's Club aus.

Die Küche ist klein. Ihr Grundriss und die Schränke wurden erhalten und einfach mit neuer Farbe aufgefrischt. Die Küche wurde absichtlich nicht modernisiert, um ihren altertümlichen Charme zu bewahren. Ein Weinregal, das wie ein Bücherregal aussieht, rahmt den Herd ein, Kunstwerke bedecken die Wände, und Bücher füllen ganze Schränke, in denen normalerweise Geschirr aufbewahrt wird.

Die Farbauswahl im Schlafzimmer wurde an die anderen Räume der Wohnung angepasst, aber die Möblierung ist schlicht und spärlich, der Fokus liegt auf den Kunstwerken an den Wänden. Die Beleuchtung ist gedämpft. Alle Elemente sorgen für eine entspannende Atmosphäre.

MAUI

COTTAGE IM PARADIES

Dieses traditionelle hawaiianische Plantagenhaus befindet sich in einem unglaublich üppigen tropischen Garten, der mit Palmen und alten Regenbäumen gesprenkelt ist.

Die Eigentümer, zwei Veteranen aus der Modeindustrie, renovierten das Cottage, wobei sie sich an den Naturschönheiten und dem entspannten Leben der Region orientierten, ohne den historischen Charakter zu verändern.

Zusammen mit Roberto Sosa vom OBRA Design Studio in New York und Rene Holguin von RTH, das seinen Sitz in Los Angeles hat, wurde das Gebäude – das ebenfalls über eine mit Korallenstein verkleidete Remise und einen Außenbereich verfügt – komplett modernisiert.

Roberto Sosa/OBRA Design Studio
Rene Holguin/RTH
Maui, Hawaii, USA

Fotografie © Kate Holstein

Die umlaufende Veranda bietet Schutz und erweitert den Wohnraum nach draußen.
Der Vorbau mit eingebauter Sitzbank wurde als Puffer und zusätzlicher Leseort hinzugefügt.
Was die Materialauswahl betrifft, wurde die äußere Holzfassade in einer dunkelgrünen Farbe gestrichen und alle Oberflächen, Schränke und Möbelstücke wurden ersetzt, um dem Cottage einen neuen, frischen Look und ein Gefühl der Lässigkeit zu verleihen.

Roberto Sosa ließ sich beim Design der maßgefertigten Möbel und Schränke vom modernen
französischen Design und den Möbeln der Kun-
den inspirieren.
Im Wohnzimmer passt sich der Kaffeetisch aus
Teakholz und Keramikfliesen dem ursprünglich
von Pierre Jeanneret in den fünfziger Jahren
entworfenen Sessel an.

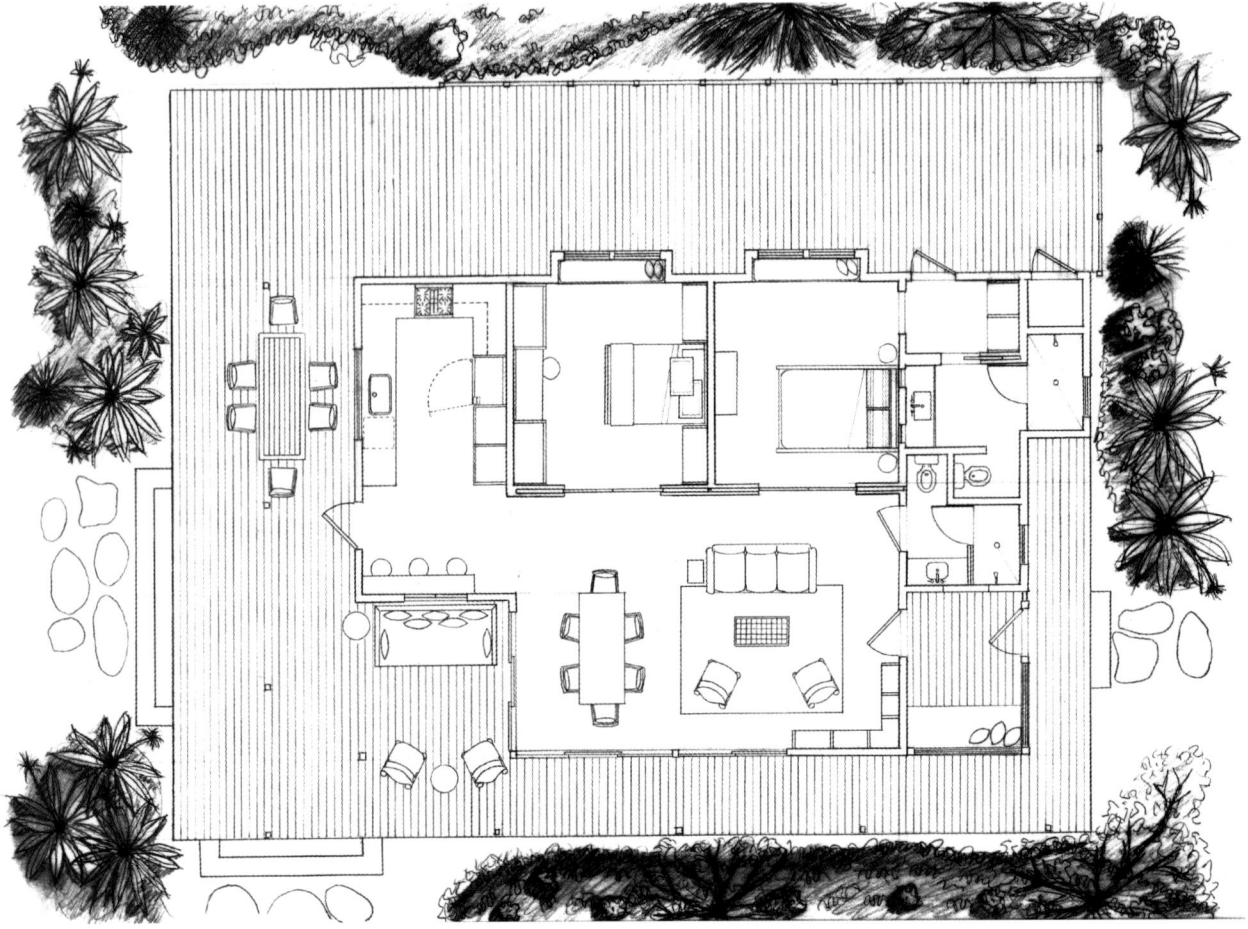

Grundriss

In der Küche sorgt die Betonarbeitsplatte für einen modernen Kontrast zu den Schränken im Cottage-Stil. Der verkleidete Kühlschrank verbirgt sich in den hohen Schränken. Im gesamten Haus unterstreichen die einfachen Schränke und die weißen Wände den ursprünglichen Rahmen des Gebäudes.

Die Wände im Schlafzimmer sind mit einer horizontalen Verkleidung versehen. Im Gästezimmer wurde der offene und geschlossene Stauraum um das antike Schilfmattenbett angeordnet. Im Hauptschlafzimmer flankieren Serge Mouille-inspirierte Wandleuchter das Bett. Die Fensterbank ist der perfekte Platz, um es sich mit einem Buch gemütlich zu machen.

JUNGGESELLENBUDE

HELL UND LEBENDIG

———————

Was lange Zeit ein leerer Raum war, hat sich in eine zeitgenössische Junggesellenwohnung mit glänzendem und luftigem Interieur verwandelt.

Das neue Appartement bietet fünfzig Quadratmeter Wohnfläche, die Komfort, Style und Zweckmäßigkeit verbindet, um ein Heim für Unterhaltung, aber auch Ruhe zu schaffen. Dies wurde durch die Verwendung natürlicher Materialien und eine neutrale Farbpalette mit braunen und blauen Akzentuierungen erreicht.

Eine begrenzte Auswahl an Möbelstücken ergänzt die verschiedenen Einbaulösungen, sodass der verfügbare Raum optimal genutzt werden kann, was dem Gefühl von Geräumigkeit zugute kommt und Behaglichkeit schafft.

———————

Tatiana Nicol
Paris, Frankreich

Fotografie © Meero

Der Entwurf ist offen, dennoch wirkt der Raum dank der Schaffung verschiedener Zonen, die durch Möbelarrangements und Teppiche abgegrenzt sind, einladend. Das Wohnzimmer, das sich in einen Winkel des Raums schmiegt, vermittelt Wärme und Behaglichkeit.

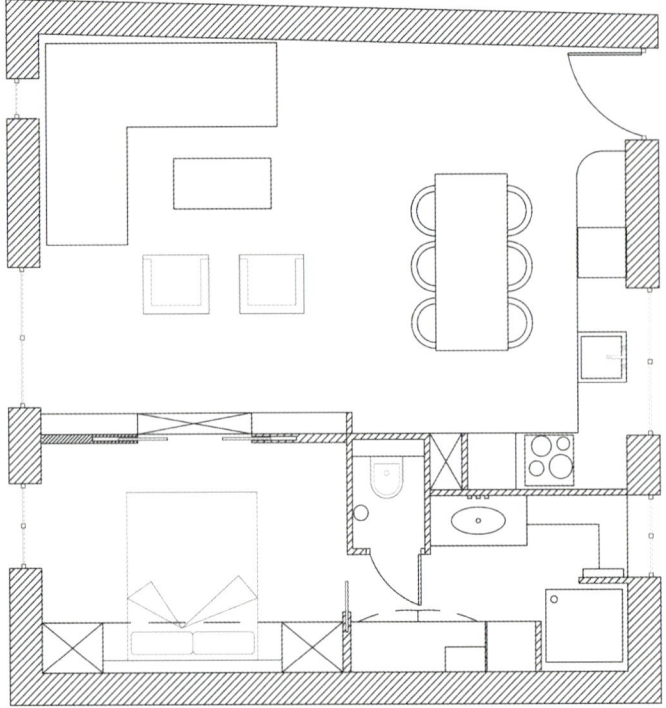

Grundriss

Aufrisszeichnung Wohnzimmer

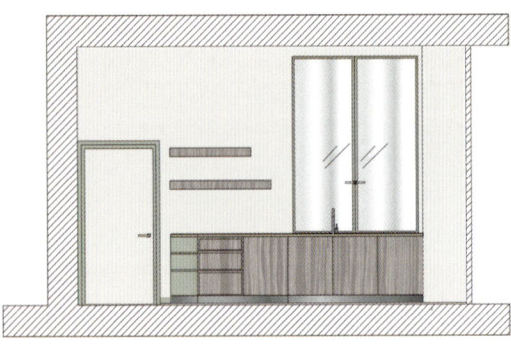

Aufrisszeichnung Küche

Aufrisszeichnung Schlaf- und Badezimmer

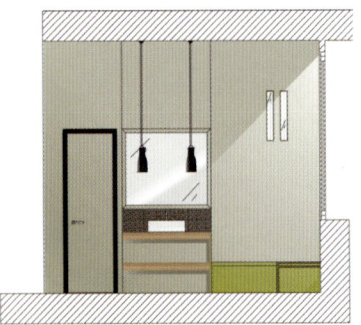

Aufrisszeichnung Badezimmer

Die Küche ist zum Wohn- und Essbereich hin komplett offen. Zusammen bilden sie einen einzigen Raum, was eine flexible Nutzung ermöglicht. Diese Besonderheit des Hauptraums des Appartements wird durch die begrenzte Möbelauswahl unterstrichen, die die Anpassung des Raums an die jeweilige Aktivität ermöglicht.

Das Schlafzimmer ist vom Hauptwohnbereich durch eine Wand getrennt, die teilweise mit offenen Regalen bestückt ist. Dieses Designelement erfüllt den Wunsch nach ausreichend Stauraum und beschränkt den Bedarf an zusätzlichen frei stehenden Möbeln, die den Zirkulationsfluss behindern und das offene und komfortable Gefühl des Appartements schwächen könnten.

Die offenen Regale verleihen dem Wohnbereich eine zwanglose und entspannte Atmosphäre. In denselben cremefarbenen Tönen wie die Wände passen sie sich dem Raum perfekt an, während die Gegenstände in den Regalen dem Raum Farbe und Charakter verleihen. Die Türöffnung ist eine tiefe Schwelle, die zum Schlafzimmer führt, der als abgeschiedener und intimer Raum erscheint.

Wenn das Schlafzimmer das ultimative Refugium für Entspannung und Genuss ist, so ist das Badezimmer der Rückzugsort für die persönliche Pflege.

LAKEVILLE

EINFACHHEIT IN WEISS

───────────

Das Wochenendhaus der Stylistin und Raumausstatterin Kate McCann, ihres Lebensgefährten Kevin und des gemeinsamen Hundes Willa ist eine ehemalige Scheune, die 1930 in ein Wohnhaus umgewandelt wurde. Seit dieser Zeit hatten die ehemaligen Eigentümer das Haus immer wieder verändert, um es in einem guten Zustand zu halten. Die neuen Eigentümer beließen die Fassade in ihrem ursprünglichen Zustand, und weil im Inneren kaum Renovierungsarbeiten zu erledigen waren, konzentrierten sie sich darauf, das alte Haus zu ihrem sehr persönlichen Zuhause zu machen. Eine Farbpalette aus Weiß, Grau, Beige und Schwarz wurde gewählt, um dem Haus eine ruhige und gelassene Atmosphäre zu verleihen und es zum perfekten Erholungsort außerhalb der Intensität und Reizüberflutung von New York City zu machen.

───────────

Grey Dove Design
Lakeville, Connecticut, USA

Fotografie © David Prince

Alle Aufnahmen von Kate McCann, drittes Bild in der zweiten Reihe Lori Lachman

Grundriss

Um eine Atmosphäre von Wärme und Gemütlichkeit zu schaffen, wurden natürliche Stoffe wie Leinen, Baumwolle und Wolle im gesamten Haus verwendet. Fundstücke, Zweige, Knochen und Holzstücke haben ihren Platz im Haus gefunden und sorgen für einen natürlichen Touch, ohne überladen zu wirken. Sisal, Jute und Beni-Ourain-Teppiche sorgen für Wärme und Struktur.

Die Palette an unaufdringlichen, gedämpften Farben unterstreicht die beruhigende Atmosphäre und unterstützt gleichzeitig die Integration von Möbelstücken und Accessoires aus unterschiedlichen Designperioden, die wegen ihrer klaren und modernen Linien ausgewählt wurden.

Der frühere Eigentümer hatte altes Scheunenholz für die Verkleidung einiger Innenwände genutzt. Dieses Detail inspirierte die gegenwärtigen Eigentümer zur Konstruktion eines neuen Schranks. Auch die Kombination aus Scheunenholz und Backstein mit jeweils weißem Anstrich verleiht den Wänden Struktur und Tiefe.

Natürliches Licht ist ein Instrument, mit dem eine lässige und entspannte Atmosphäre in allen Räumen des Hauses geschaffen wird das die architektonischen Details hervorhebt.

HISTORIC HOUSTON HEIGHTS

EIN ERFRISCHENDER BUNGALOW IM HANDWERKERSTIL

Ein junges Paar kaufte einen Houston-Heights-Bungalow aus den 1920ern, der besonders reparaturbedürftig war. Anstatt das Haus abzureißen, beschlossen die neuen Eigentümer, es zu renovieren. Sie beauftragten ein Design-Team unter der Leitung von Marie Flanigan damit, dem veralteten Haus neues Leben einzuhauchen.

Das Design konzentriert sich auf architektonische Verbesserungen, die für eine zeitgenössische Atmosphäre sorgen, während die Integrität des Gebäudes stilistisch erhalten bleibt.

Im Innern des Hauses verwendete Marie Flanigan traditionelle handwerkliche Elemente, einschließlich Oberlichter und Kassettendecken, um dem historischen architektonischen Charakter der Häuser in der Nachbarschaft treu zu bleiben.

Marie Flanigan Interiors
Houston, Texas, USA

Fotografie © Julie Soefer Photography

Die Dachkontur wurde erweitert, um eine gewagte neue Fassade zu schaffen, die sich in drei Richtungen erstreckt, während der Grundriss geöffnet wurde, um eine frische, moderne Atmosphäre zu schaffen.

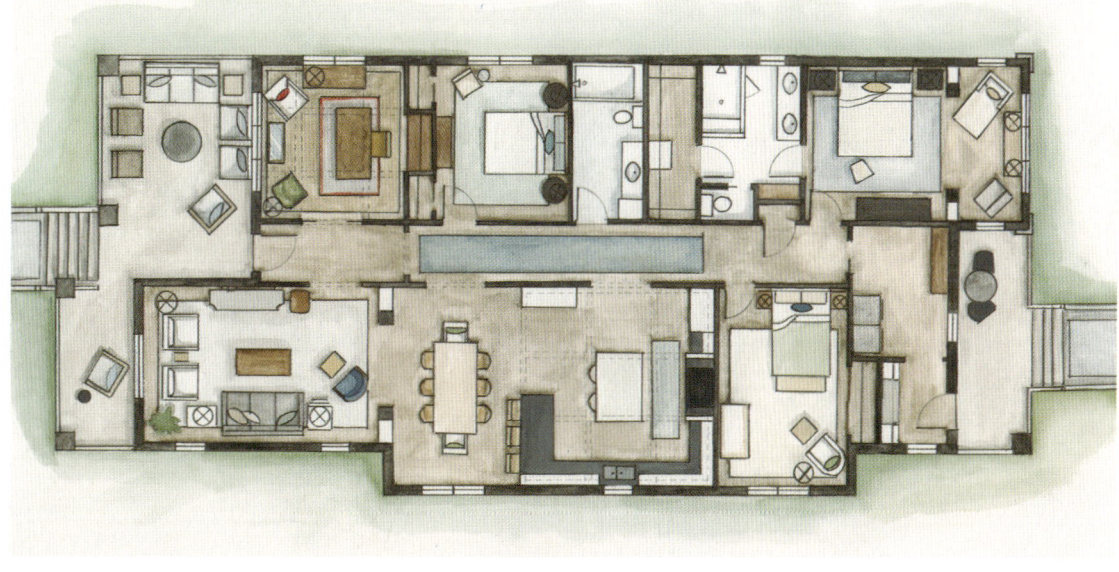

Grundriss

Die maßgefertigten Einbauschränke im gesamten Haus sorgen für den dringend notwendigen Stauraum.

Die Auswahl der Möbel und Accessoires umfasst klassische und moderne Stücke, um ein Heim zu schaffen, das komfortabel und stilvoll ist. Antikmöbel, wie der antike, lederne Valenti-Campaign-Chair im Arbeitszimmer, verleihen dem Interieur des Hauses einen individuellen Hauch von Geschichte.

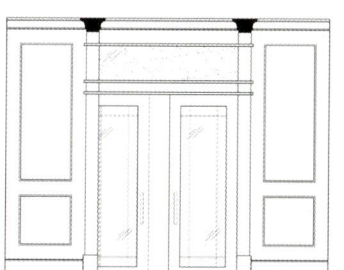

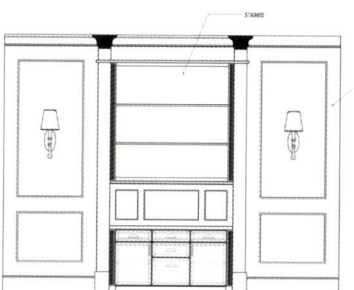

Aufrisszeichnung Arbeitszimmer

Die verschiedenen Beleuchtungselemente, einschließlich Allgemein-, Akzent- und Arbeitsbeleuchtung, vereinen Stil und Funktion, um das Dekor des Wohn- und Esszimmers zu intensivieren.

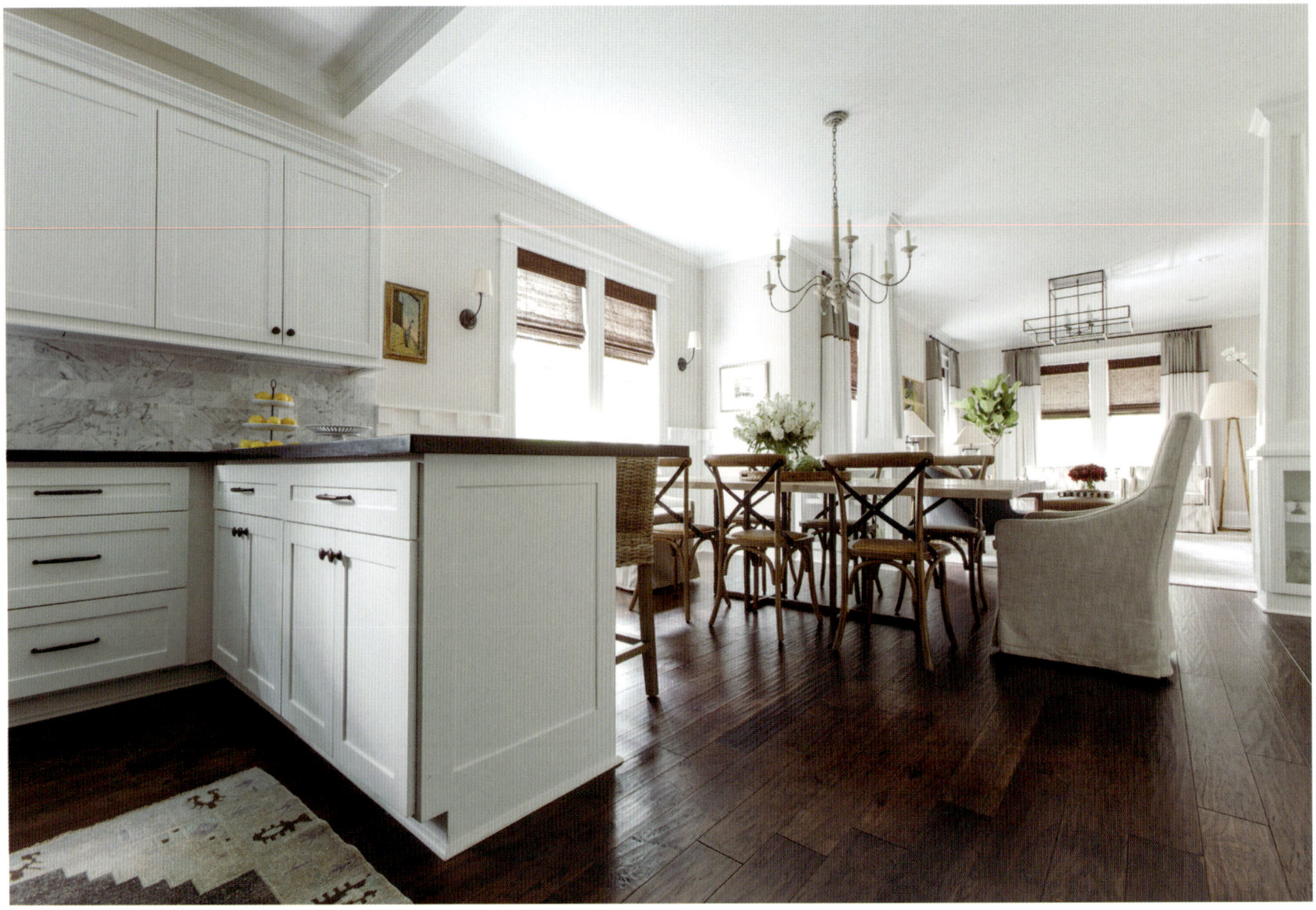

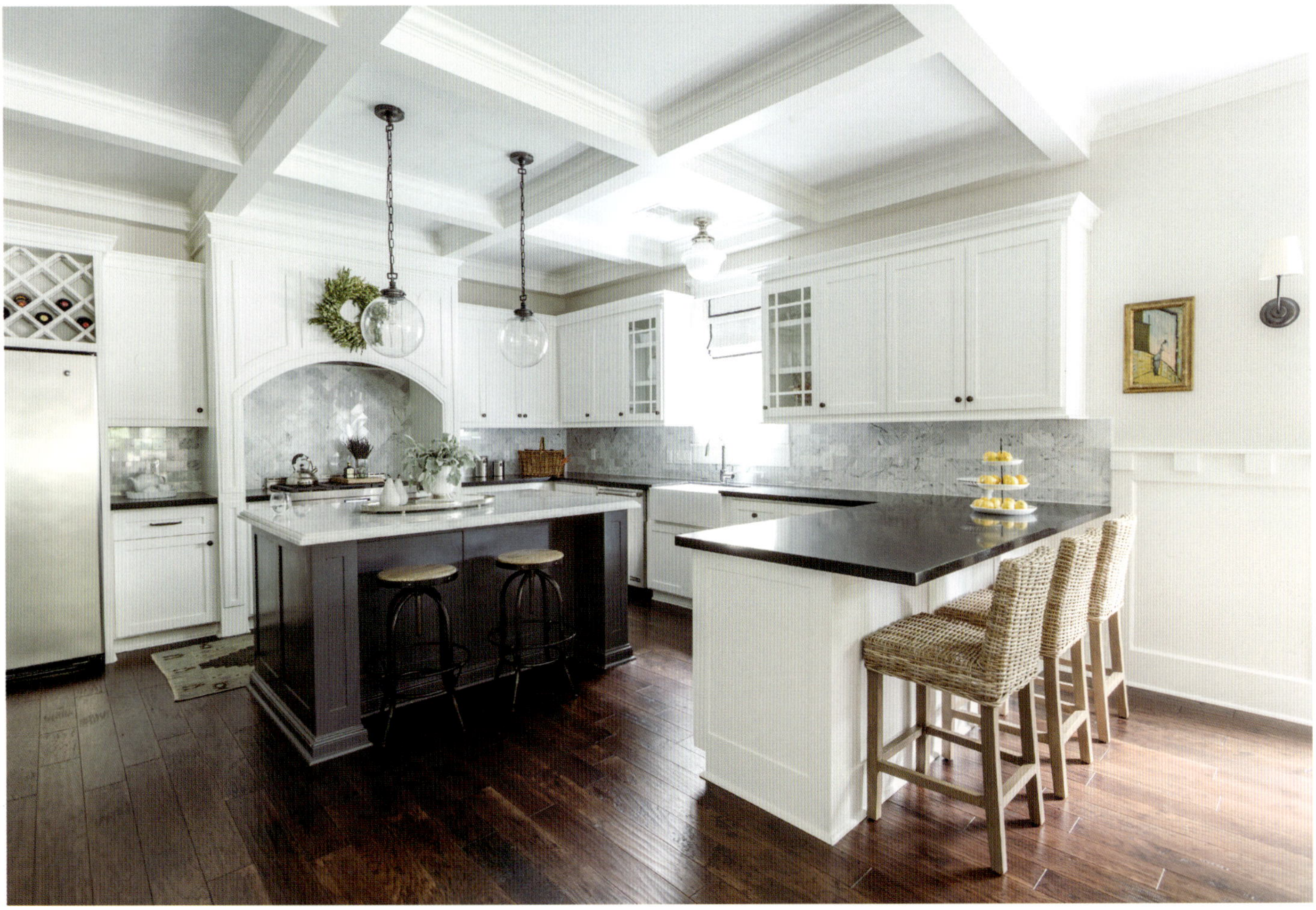

Eine wiederbelebte Farbpalette passt sich perfekt an die zeitlosen harten Oberflächen, einschließlich Naturstein und hexagonalen Fliesen, wie sie in den 1920ern üblich waren, an.

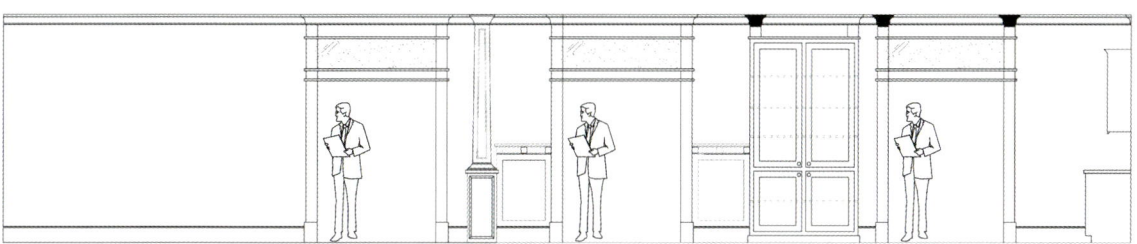

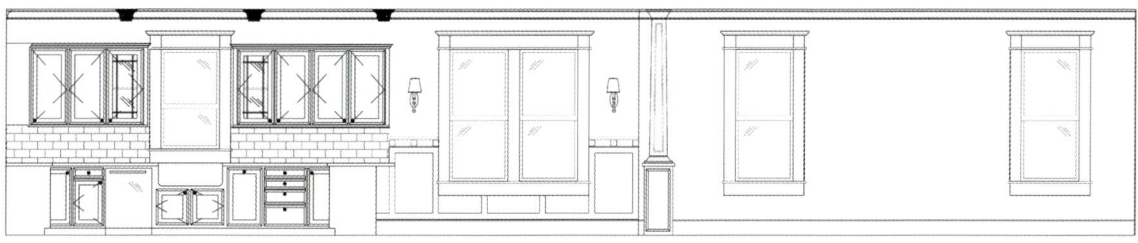

Aufrisszeichnung Küche, Wohn- und Essbereich

Das gepolsterte Kopfteil, authentische französische Kruglampen und der antike Uschak-Teppich verleihen dem Schlafzimmer zeitlose Eleganz und Wärme.

Eine kühle Farbpalette im Badezimmer wurde mit warmen Holztönen kombiniert, um eine frische, saubere Atmosphäre zu schaffen und den Raum dennoch einladend zu gestalten.

GÄSTEHAUS RIVER OAKS

HELL UND FREUNDLICH
IM LANDHAUSSTIL

———————

Ein Paar aus dem texanischen Houston beschloss inmitten der Umgestaltung ihres River Oaks-Hauses aus den 1940er Jahren, dass ein Gästequartier für Familie und Freunde auf der Rückseite des Gebäudes angebaut werden sollte.

Sie wollten das Gästequartier über der genutzten Garage errichten und beharrten darauf, dass die Konstruktion denselben traditionellen River Oaks-Stil haben musste, den sie so lieben.

Sie beauftragten ein lokales Bauunternehmen mit der Errichtung der neuen Konstruktion sowie ein Design-Team, um zu gewährleisten, dass sich die Inneneinrichtung des Gästequartiers nahtlos an die Details im Haupthaus anpasst.

———————

Marie Flanigan Interiors
Houston, Texas, USA

Fotografie © Julie Soefer Photography

Räume mäßiger Größe wurden mit interessanten architektonischen Details versehen. Die Hauptfenster des Gästequartiers wurden nach Norden ausgerichtet, mit Oberlichtern, die die Wohnbereiche voneinander trennen und natürliches Licht ins Innere lassen.

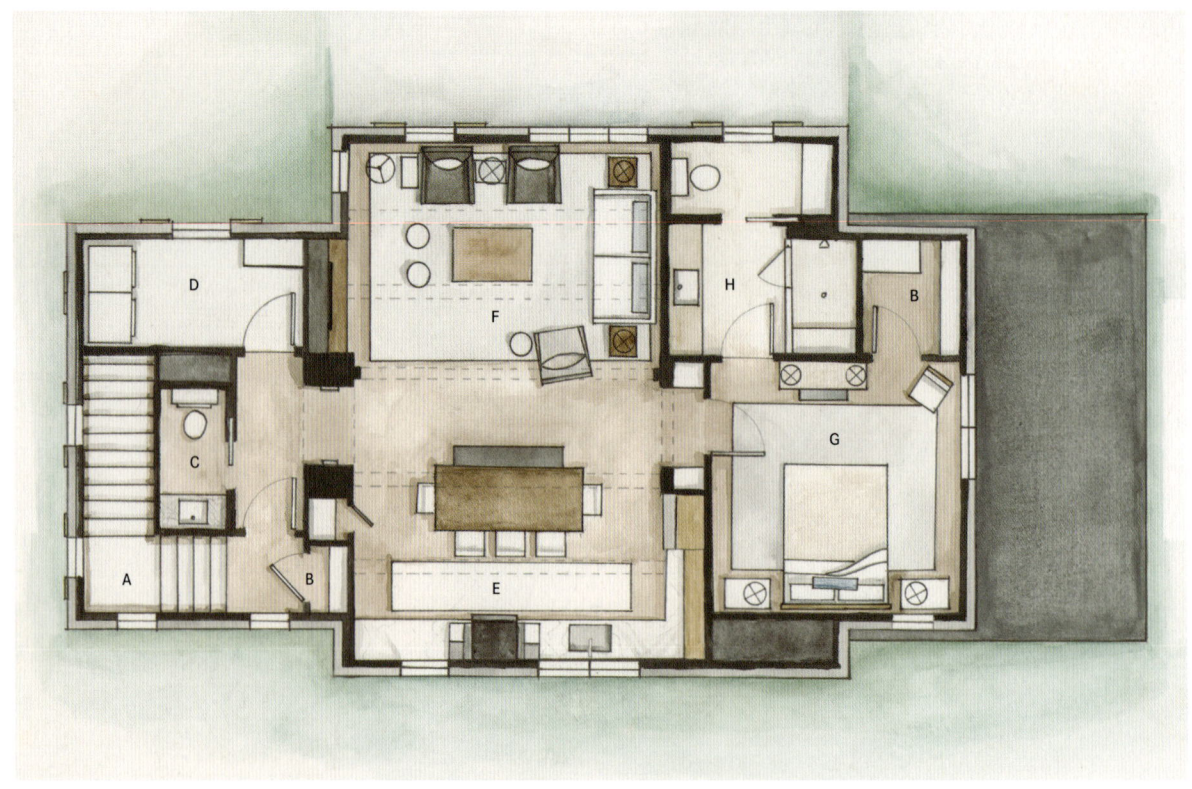

Grundriss

A. Eingangstreppenhaus
B. Schrank
C. Damentoilette
D. Hauswirtschaftsraum

E. Küche und Essbereich
F. Wohnbereich
G. Schlafzimmer
H. Badezimmer

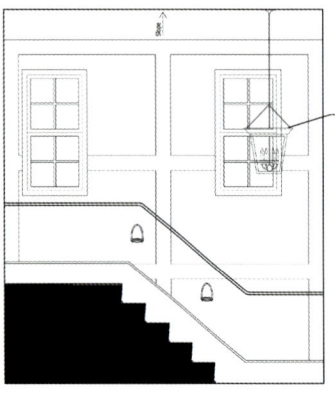

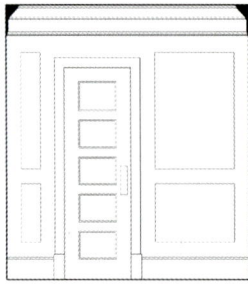
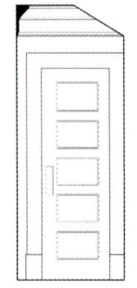
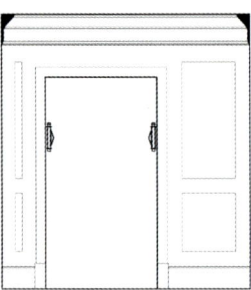

Aufrisszeichnung Flur

Der Eingang verfügt über eine hervorragend ausgeführte Verkleidung, eine integrierte Treppe, Unterbauleuchten und einen maßgefertigten schlanken Handlauf.

Insgesamt schufen sie einen einladenden Raum, der einen passenden Ton für die anschließenden Räume vorgibt.

GÄSTEHAUS RIVER OAKS

Im Erdgeschoss wird die Verkleidung von einer Überfälzung abgelöst, die in die meisten Wohnräume integriert ist.

Die Beleuchtungsinstallation, einschließlich Hängeleuchten, Kerzenleuchter und Tischlampen, geht eine harmonische Verbindung mit den architektonischen Elementen und Möbeln ein.

GÄSTEHAUS RIVER OAKS

Die in zum Wohn- und Essbereich offene Küche ist mit einer ausgeprägten Dunstabzugshaube ausgestattet, die ein Statement abgibt, ohne dem großen hölzernen Esstisch die Show zu stehlen.

Flankiert von behussten Stühlen und einer Bank mit großzügigen Proportionen und Polsterung dient sie als Kücheninsel und perfekter Treffpunkt für Gäste zum gemeinsamen Essen.

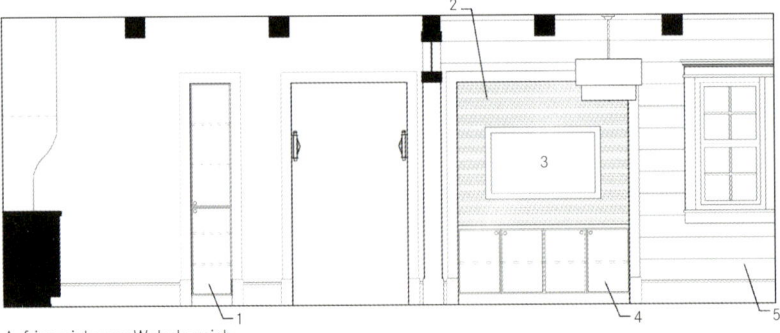

Aufrisszeichnung Wohnbereich

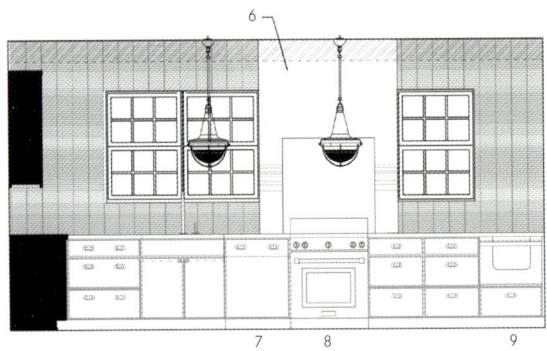

Aufrisszeichnung Küche

1. Gebeizte Schränke
2. Seegrastapete
3. 52" TV
4. Gebeizte Schränke zur Anpassung an die Küche mit 1/2" Laibung
5. 8" horizontale Wandpaneele mit 1/2" Laibung
6. Gipskartonplatte
7. 24" Spülmaschine mit abgedeckter Front
8. 30" Herd
9. 24" Mikrowelle

Die Überfälzung muss nicht notwendigerweise rustikal wirken. Sie ist ebenfalls ein zeitloses Detail, das wirkungsvoll in ein modernes Dekor integriert werden kann. Sie erlaubt auf lässige Weise, das visuelle Interesse auf eine Wand zu richten, und sorgt durch die Assoziation mit Waldhütten und Küstenhäusern für ein entspanntes Gefühl.

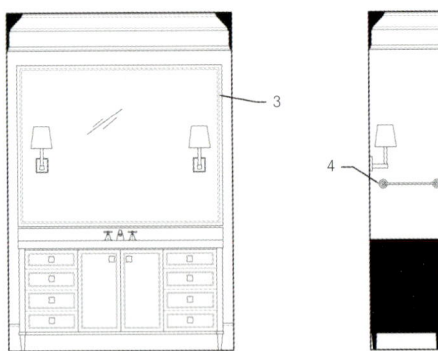
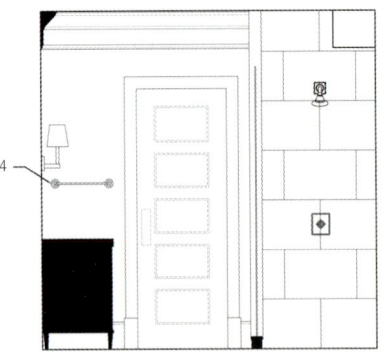
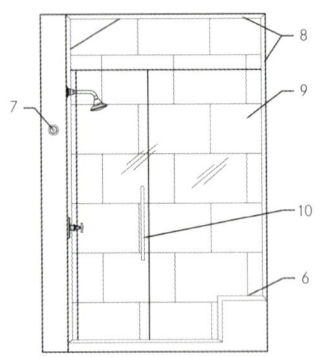
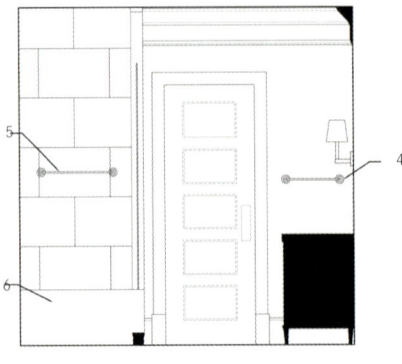
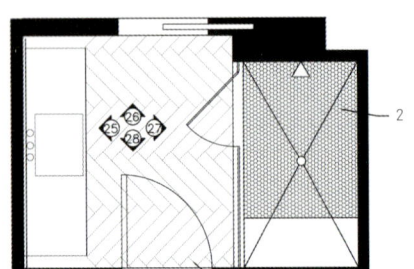

1. Geschliffene 4" x 24" Antikbretter
2. Knopfmosaik
3. Spiegel
4. 18" Handtuchhalter
5. 24" Handtuchhalter
6. Auf Gehrung verbundene Fliesenbank
7. Bademantelhaken
8. Fliesenumgebung
9. Rahmenloses Duschkabinenglas
10. Quadratischer Griff am Duschkabinenglas

Komplettes Badezimmer (Grundriss
und Aufrisszeichnung)

Natürliche Stein- und Holzschränke wurden mit hellen Farben kombiniert, um ein einladendes Ba-
dezimmer zu schaffen, während schlanke Elemente für einen Hauch entspannter Eleganz sorgen.
Die Damentoilette ist eine Variation desselben Themas mit Kalkutta-Marmor, warmem gebeiztem
Holz, Grastapete und Rotgussarmaturen.

Die Wände des Arbeitsraums sind passend zu den Schränken mit grob gesägten Holzbrettern verkleidet. Die Auswahl der verwendeten Materialien verleiht dem Raum einen individuellen, rustikalen Look. Die Farben und Texturen sorgen für ein Gefühl der Authentizität und Geschichte.

MODERNER
VINTAGE-STYLE IN
EINEM INDUSTRIELLEN
BAUERNHAUS

Bei einer Vergnügungsfahrt stolperten die gegenwärtigen Eigentümer mit ihren drei Kindern über das zum Verkauf stehende Bauernhaus. Das brachte den Ball ins Rollen. Sie kauften das 13 Jahre alte Haus, das sie Nr. 1450 nannten, mit der Idee, den Landhausstil der Fassade beizubehalten, aber das Innere komplett zu renovieren.

Es gibt zweimal jährlich ein Ereignis im texanischen Round Top, das für ein besseres Verständnis des Konzepts hinter The Vintage Round Top sorgt. Im Frühling und Herbst ist Round Top Gastgeberin des Antique Weekend, das zu einem beliebten Hotspot der Designgemeinde, insbesondere aus Houston und Austin, geworden ist.

The Vintage Round Top
Round Top, Texas, USA

Fotografie © Haylei Smith

Das Bauernhaus, das das Paar kaufte, befindet sich in einem Viertel, das für die Antiques-Weekend-Veranstaltungen bekannt ist. Nach der Renovierung, bei der auf jedes Detail geschaut wurde, wurde das Haus mit einer sorgfältigen Mischung aus Möbelstücken und wiedergewonnenen Materialien gefüllt. Die Zahl der Elemente ist perfekt auf die Räumlichkeiten abgestimmt, sodass diese nicht überladen wirken, sondern einen individuellen Charakter erhalten.

Diese Fundstücke wurden aufgrund ihrer Qualität und ihres Potenzials für die Wiederverwendung als Beleuchtungselemente, Tische, Regale und Kunstobjekte ausgewählt. Letztendlich übertragen sie eine Energie, die über Raum und Zeit hinausgeht.

NR. 1450

NR. 1450

Alle Räume des Hauses sind hell erleuchtet und dank der Elemente mit antiken Verzierungen, die für Charakter und Retro-Charme sorgen, einladend.

Am oberen Ende der Treppe mit nummerierten Stufen befindet sich ein Schlafboden. Das Bett wurde direkt unter der Dachschräge vor einer bunten Holzwand mit Überfälzung aufgestellt, die das Kopfteil verdoppelt.

BOHO COTTAGE

MODERNER VINTAGE-STYLE.
BOHEME-SCHICK

Nach einigen Jahren der Renovierung von Nr. 1450 beschlossen die Eigentümer, an das bestehende Cottage anzubauen, um zwei getrennte Cottages zu schaffen, die auch gemeinsam genutzt werden können.

Zu diesem Zeitpunkt beschlossen sie, mit den Architekten Kelie Mayfield und Erick Ragni vom Mayfield & Ragni Studio (MaRS), zusammenzuarbeiten.

Boho Cottage hat ein moderneres Flair als Nr. 1450, trägt aber immer noch die Handschrift des Vintage Round Top-Stils.

Mit zwei Schlafzimmern, drei voll ausgestatteten Badezimmern, einer voll ausgestatteten Küche und einem geräumigen Wohnraum ist Boho ein entzückender, zum Verweilen einladender Rückzugsort.

The Vintage Round Top
Round Top, Texas, USA

Fotografie © Haylei Smith

MaRS entwarf die Außenfassade, um einen einheitlichen Look zwischen den beiden Cottages zu schaffen. Obwohl die Hauseigentümer eine einheitliche Gestaltung zwischen dem neuen Cottage mit dem Namen Boho und dem Stil von Nr. 1450 wünschten, wollten sie dennoch das Design des Anbaus auf die nächste Stufe heben.

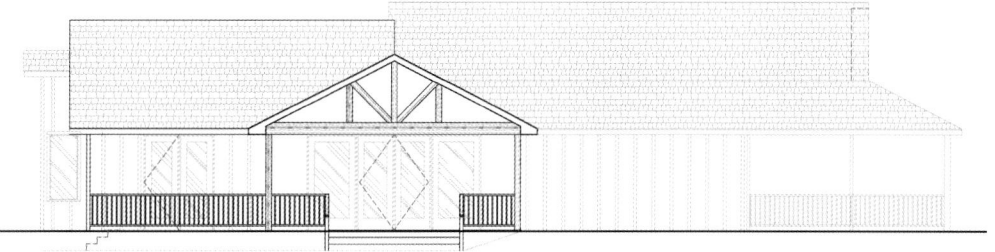

Aufrisszeichnung Seite

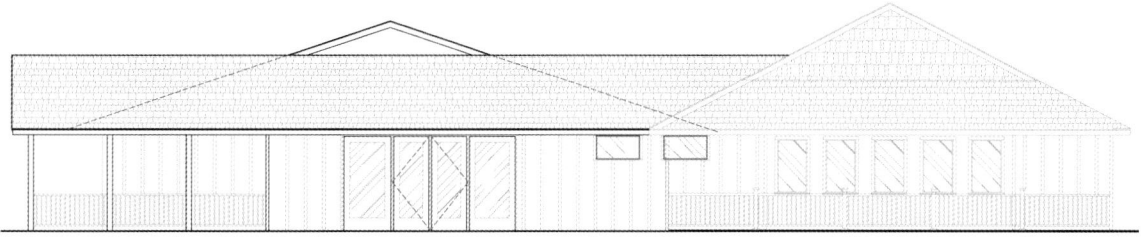

Aufrisszeichnung Vorderseite

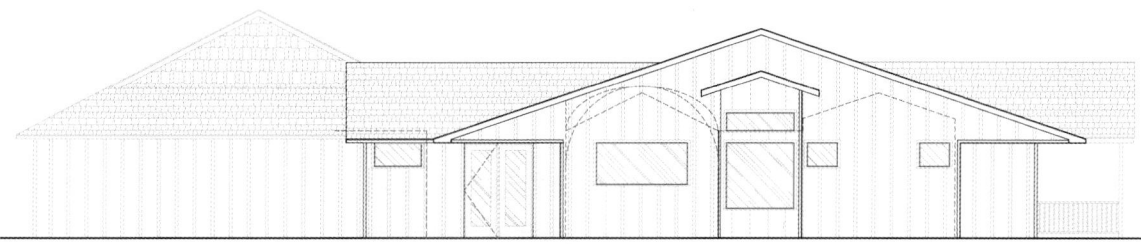

Aufrisszeichnung Rückseite

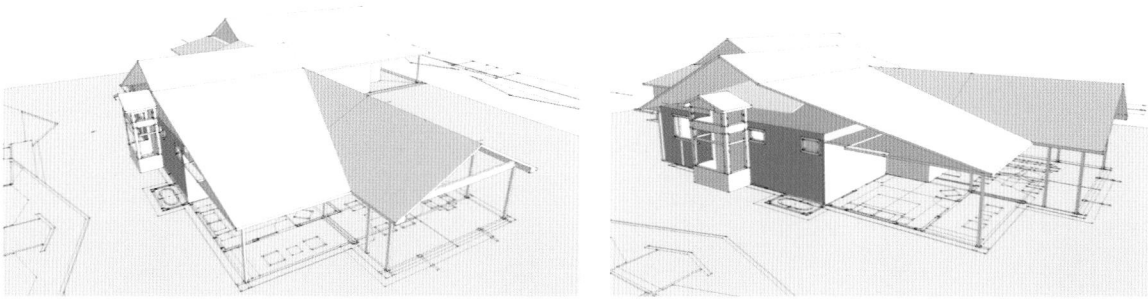

Perspektivische Ansicht des Bauernhauses

Anstatt den industriellen, modernen Bauernhausstil von Nr. 1450 beizubehalten, beschlossen sie, hochwertigere Materialien zu verwenden, wie Microcrete und Fliesen, um das Design von Boho mit einer Mischung von zeitgenössischen und antiken Elementen anzuheben.

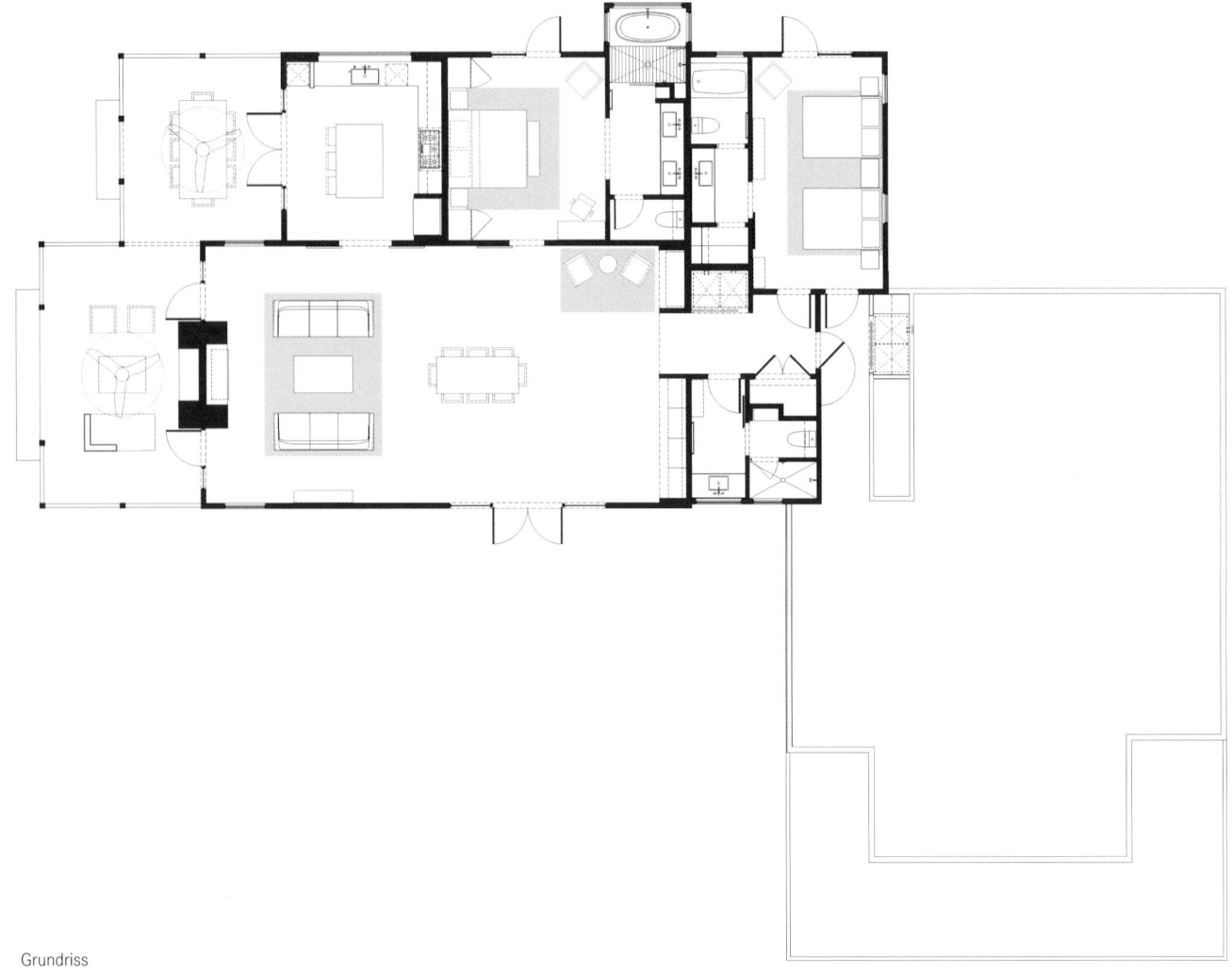

Grundriss

Kelie und Erick arbeiteten mit den Hauseigentümern zusammen, um einen Grundriss zu erstellen, der gut zum ursprünglichen Raum passt und gleichzeitig jeden Winkel der bestehenden Struktur optimiert. Gleichzeitig arbeiteten die Eigentümer mit verschiedenen Herstellern und Künstlern zusammen, um individuelle Elemente für den Raum zu kreieren.

Inspirierende Bilder

Wände wurden eingerissen, die Nutzfläche wurde vergrößert, indem eine Veranda geschlossen wurde, und die Decken wurden erweitert. Anstelle moderner Materialien, entschied sich das Design-Team für weiße Gipskartonplatten, um anderen Objekte, wie Beleuchtung und Möbel, die die Eigentümer gefertigt oder umfunktioniert hatten, zur Schau zu stellen.

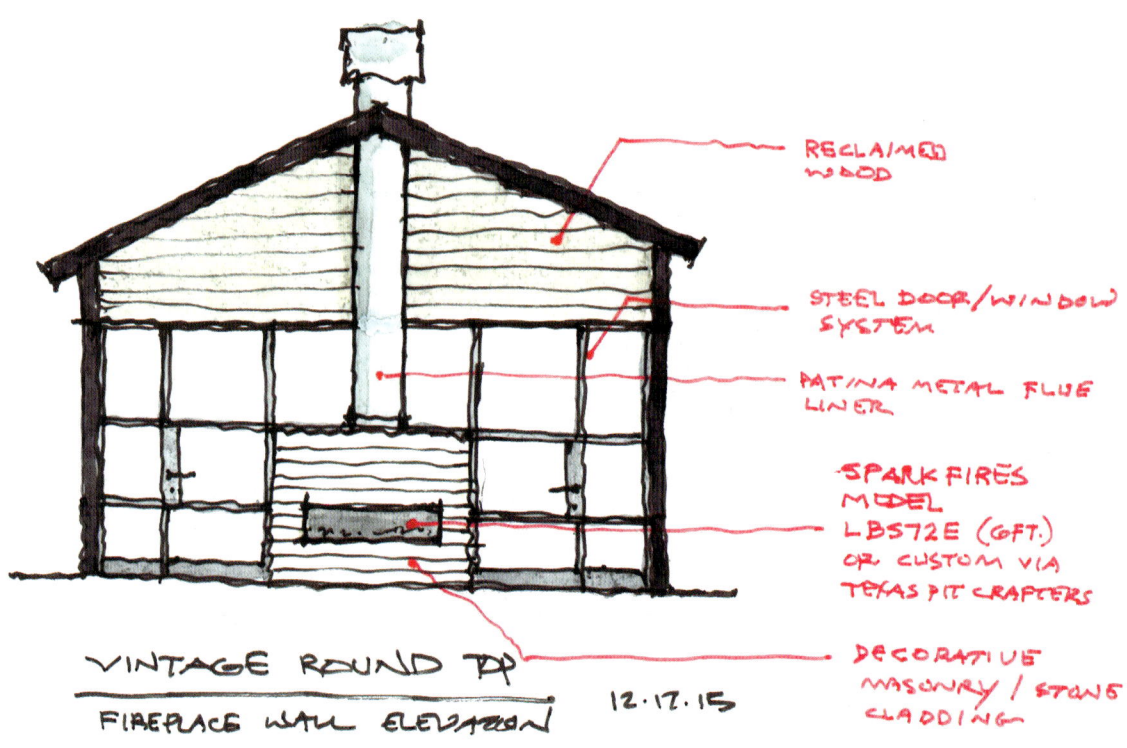

RECLAIMED WOOD

STEEL DOOR/WINDOW SYSTEM

PATINA METAL FLUE LINER

SPARK FIRES MODEL LBS72E (6FT.) OR CUSTOM VIA TEXAS PIT CRAFTERS

DECORATIVE MASONRY / STONE CLADDING

VINTAGE ROUND TOP

FIREPLACE WALL ELEVATION   12.17.15

Aufrisszeichnung Kaminwand

Durch die Kombination von klaren, modernen Linien mit antiken und wiedergewonnenen Objekten erhielten die Räume einen eigenen Charakter in dem Stil, der die Vintage-Round-Top-Handschrift „Modern Vintage Style" definierte.

Fenster und Türen lassen das komfortable Interieur sich in den großzügigen, aber dennoch einladenden und intimen Außenbereich ergießen.

BOHO COTTAGE

EIN LÄNDLICHER RÜCKZUGSORT

————————

Ein einfaches Bauernhaus von 1880 war über längere Zeit auf dem Markt. Es war in schlechtem Zustand, aber die neuen Eigentümer erkannten sein Potenzial und waren sich beim Kauf des Hauses der Arbeit bewusst, die erforderlich sein würde, um diesem Haus neues Leben einzuhauchen.Es dauerte einige Monate, bis das Haus und die Scheune ausgeräumt waren. Die Räume waren voller Kartons, Möbel und Familienstücke. Das Sortieren glich einer Reise in die Vergangenheit.Die neuen Eigentümer gingen die Renovierung langsam Zimmer für Zimmer an, bewahrten so viele Originalelemente wie möglich und integrierten neue Elemente.

————————

Roberto Sosa/OBRA Design Studio
Red Hook, New York, USA

Fotografie © Mylene Pionilla

Der Außenbereich des Hauses wurde komplett neu gestaltet. Die ursprünglich leuchtend blaue Fassade wurde in einem ruhigen Grauton gestrichen. Die Frontfassade erhielt eine aufbereitete Stalltür und ein großes funktionsfähiges Oberlicht. Die Fenster wurden umgesetzt, um mehr Symmetrie zu erzielen, eine neue Blausteintreppe wurde gebaut und einfache Eckwandpfeiler und Fassadenfriese wurden angebracht.

Die Räume im Haus waren am richtigen Ort und hatten eine gute Orientierung und Belichtung. Dennoch erweiterten und arrangierten die neuen Eigentümer enge Türen neu, um einen besseren Fluss zu kreieren, entfernten zwei niedrige Wandschränke, um eine doppelt so hohe Empfangshalle zu schaffen, und brachten Innenfenster an, die sie in der Scheune gefunden hatten.

Grundriss Obergeschoss

Grundriss Erdgeschoss

Aufrisszeichnung Fassade

Die handwerklich geschickten Hauseigentümer verrichteten über einen Zeitraum von sieben Jahren
die meisten Arbeiten selbst. Die Wände im Wohnzimmer und in der Küche hatten eine Täfelung
aus Rotkiefernholz, die über die Zeit dunkel geworden war, sodass es einige Arbeit kostete, diese
wieder aufzupolieren. Mit der Idee, soviel wie möglich aus dem alten Haus wiederzuverwenden,
nutzten die neuen Eigentümer alte Bettelemente, die sie in der Scheune gefunden hatten, um die
Kaminverkleidung zu erneuern und zu umschließen.

Sie entfernten auch die abgehängte Decke aus Papierfliesen, um die Holzbalken freizulegen.
Alle Innentüren wurden durch aufbereitete vierflügelige Türen ersetzt. Die ursprünglichen Einfach-
glasfenster wurden sorgfältig instand gesetzt. Um das Haus für den Winter zu dämmen, wurden
neue Doppelfenster aus Mahagoni mit passenden Jalousien für die warmen Monate gebaut.

Um neue Ausblicke auf die Scheune und Felder zu ermöglichen, entschieden die Eigentümer, das Haus auf der Rückseite zu öffnen und Balkontüren anzubringen. In der Küche befanden sich alte Linoleumfliesen, die sie ausgebessert und überlackiert haben. Die Unterschränke der Küche wurden erhalten. Um ihnen ein frischeres Aussehen zu verleihen, wurden sie gestrichen und erhielten neue Beschläge, um die Küche im Cottage-Stil zu komplettieren.

Während der Renovierung lernten die Eigentümer, dass die Schnitte und Verbindungen in der Pfosten- und Balkenstruktur der Scheune und im Erdgeschoss des Hauses einer vorherigen Nutzung zu verdanken sind. Das Holz stammte wahrscheinlich aus einer alten abgebauten Bahnstrecke, die in den 1930er Jahren am Haus vorbei führte.

Im Erdgeschoss nutzten die Eigentümer den beengten Raum unter den Dachbalken zu ihrem Vorteil. Sie stellten die Badewanne teilweise unter die Schräge, wobei die Dusche unter dem höheren Teil der Decke platziert wurde, und fliesten die gesamte Umgebung der Badewanne und die Decke.

Sie wollten eine einfache Badezimmerästhetik, die sich der Einfachheit des alten Bauernhauses anpasst. Dabei ließen sie sich von Badezimmern aus den Jahren 1910 und 1920 mit ihren seinerzeit voll gefliesten Oberflächen mit dekorativen Elementen, Bordüren und Details im selben Material inspirieren.

MODERNISIERTES LANDARBEITERHAUS

MEHR GEMÜTLICHKEIT FÜR EIN EHEMALIGES LANDARBEITERHAUS

Kelly Mittleman von Kelly and Co. Design ist für ihre Arbeit bekannt, die moderne und traditionelle Stile mischt. Und genau danach suchte der Eigentümer dieses ehemaligen Bauernhauses, als er beschloss, es in ein gemütliches Wochenendhaus zu verwandeln. Das gesamte Cottage wurde überarbeitet, aber einige Originalelemente, wie die ursprüngliche Kiefernholztäfelung und der Kieselsteinkamin, blieben erhalten. Kelly and Co. Design fügten Verkleidungen aus Latten und Brettern hinzu und wölbten alle Decken im Cottage, um diesen mehr Charakter zu verleihen. Das Interieur sorgt für ein heimeliges Gefühl, sobald man den Fuß auf die Schwelle setzt.

Kelly and Co. Design
Easton, Connecticut, USA

Fotografie © Jane Beiles

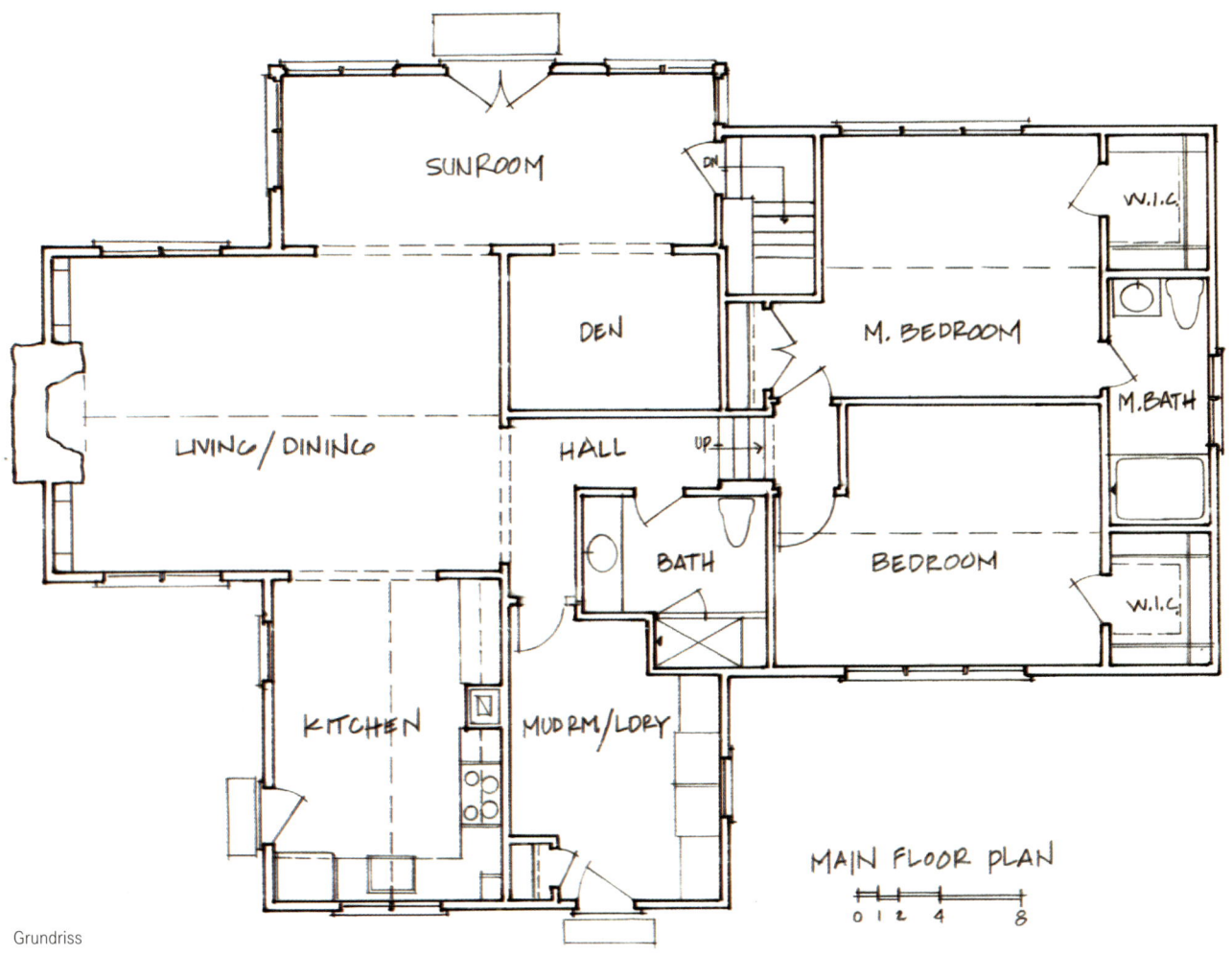

SUNROOM

DEN

M. BEDROOM

W.I.C.

M.BATH

LIVING / DINING

HALL

UP

BATH

BEDROOM

W.I.C.

KITCHEN

MUDRM/LDRY

MAIN FLOOR PLAN

0 1 2 4 8

Grundriss

Mit dem Umbau, der den ursprünglichen Charme des Cottage aufwertet, ist es für eine zeitgenössischere Nutzung geeignet, ohne dass sein Fußabdruck verändert wird.
Infolgedessen erfüllt das neue Heim mit einer Wohnfläche von 195 Quadratmetern alle Anforderungen modernen Wohnens.

Im Hauptraum wurde eine Farbpalette aus ähnlichen Tönen verwendet. Kontraste in der Textur sorgen für visuelles Interesse. Auf einer anderen Ebene akzentuiert die Beleuchtung Farb- und Strukturvariationen und sorgt so für eine sanfte und einladende Atmosphäre.

MODERNISIERTES LANDARBEITERHAUS

Um dem Landhausstil treu zu bleiben, wurde die Küche mit Kästen und Schränken gestaltet, während der breite weiße Eichenboden einen subtilen zeitgenössischen Touch verleiht. Das Olivgrün der Schränke rundet das Design ab und bringt einen Hauch von Natur ins Haus.

Die frische, weiße Inneneinrichtung zeugt von Lässigkeit und Klarheit. Dieses meist weiße Interieur mit Akzenten in Erdtönen und weichen Stoffen fängt den Geist des lässigen Landlebens ein.

Das Hauptbadezimmer sorgt mit dem marokkanischen Fliesenboden für einen Hauch Exotik, behält allerdings die Überfälzung an den Wänden bei, die sich als wiederholendes Leitmotiv über das gesamte Cottage-Design erstreckt.

UNTER DEN DÄCHERN
VON SAINT-GERMAIN

Ein Dachboden wurde für eine junge Regisseurin ausgebaut, die häufig unterwegs ist. Sie suchte einen Raum zum Entspannen. Der 70 Quadratmeter große Raum war ursprünglich ein Kaninchenkäfig aus winzigen Räumen. Die Renovierung verwandelte den Dachboden in einen charmanten offenen Raum mit alten Eichenbalken, die sorgfältig gereinigt wurden, und einer Kombination aus Terrakottafliesen und Birkenholzböden. Durch die Renovierung wurde der Raum an den modernen Lebensstandard angepasst, wobei der Schwerpunkt auf der Funktionalität lag und darauf, Helligkeit in den düsteren Innenraum zu bringen, ohne den ursprünglichen Charakter des Raums zu verändern.

Sophie Dries Architect
Paris, Frankreich

Fotografie © Stephan Julliard

Die Renovierung des Dachbodens diente dem Zweck, den verfügbaren Raum optimal nutzbar zu machen, wobei Funktionalität und Komfort im Mittelpunkt standen.

Die Küche fügt sich nahtlos in den bestehenden Raum ein, sodass sich Alt und Neu harmonisch ergänzen.

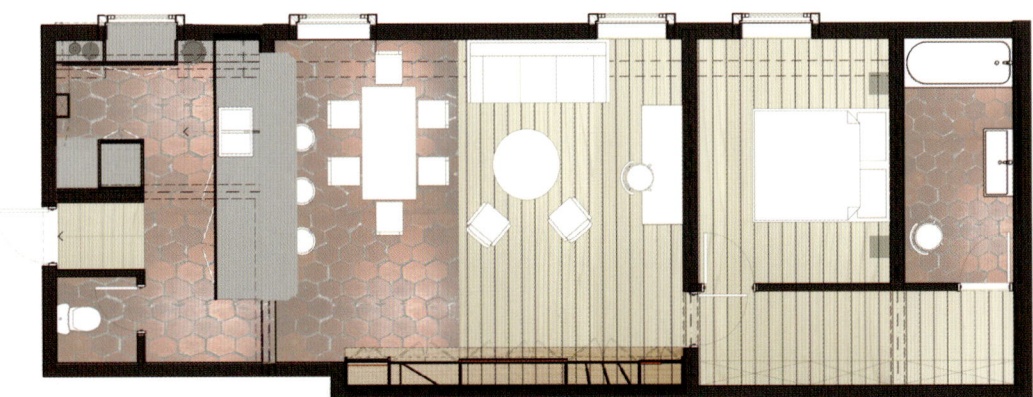

Grundriss

Der Entwurf des Bücherregals, eine Kombination aus offenem und geschlossenem Regal, ist von den Möbeln von Donald Judd inspiriert. Es integriert auch zwei komfortable Sitznischen mit Blickrichtung auf den großen Raum und die Fenster, durch die der angrenzende Garten zu sehen ist.

Der offene Charakter des Raums beeinträchtigt den Komfort nicht. Warme Materialien wie Holz, Leder und Terrakotta verleihen dem Raum ein intimes und warmes Ambiente, während die Mischung aus ethnischen Elementen mit Gegenständen moderner Kunst den Geschmack und die Persönlichkeit der Eigentümerin reflektieren.

Bei der Verwandlung von Dachböden in funktionale Wohnräume begegnet man im Allgemeinen
vielen Herausforderungen, aber das Ergebnis ist häufig zufriedenstellend und der Mühe wert.
Die Renovierung dieses Dachbodens nutzt die Form des Daches und runde Dachfenster, um ein
Interieur mit einem starken und individuellen Charakter zu schaffen.

LIVING UNDER THE ROOF

EIN PARISER DACHBODEN VERBINDET RUSTIKALEN CHARME MIT ZEITGENÖSSICHEM KOMFORT

––––––––––

Um die Lichtqualität dieses Dachbodens mit zwei Räumen zu verbessern und die Raumnutzung zu optimieren, wurden unnötige Trennwände entfernt. Dies sorgte für neue Sichtachsen, um Tiefe hinzuzufügen und die Wahrnehmung des Raums in seiner architektonischen Unverwechselbarkeit zu verbessern. Der Dachboden beherbergt eine Auswahl an Materialien in Verkleidungen in einer Farbpalette aus Weiß- und Grautönen: glänzender Lack, matt und seidig glänzende Farben, polierter Beton, Leder und Wildleder, Leinen, Ziegel und weiße Holzbeize. Die weiße Farbe beschränkt den warmen und einladenden Charakter dieses kleinen Raums nicht. Simpel und sauber, das Dekor wird durch einen Hauch von Natur ergänzt.

––––––––––

Prisca Pellerin Architecture & Intérieur
Ivry-sur-Seine, Frankreich

Fotografie © Hugo Hébrard

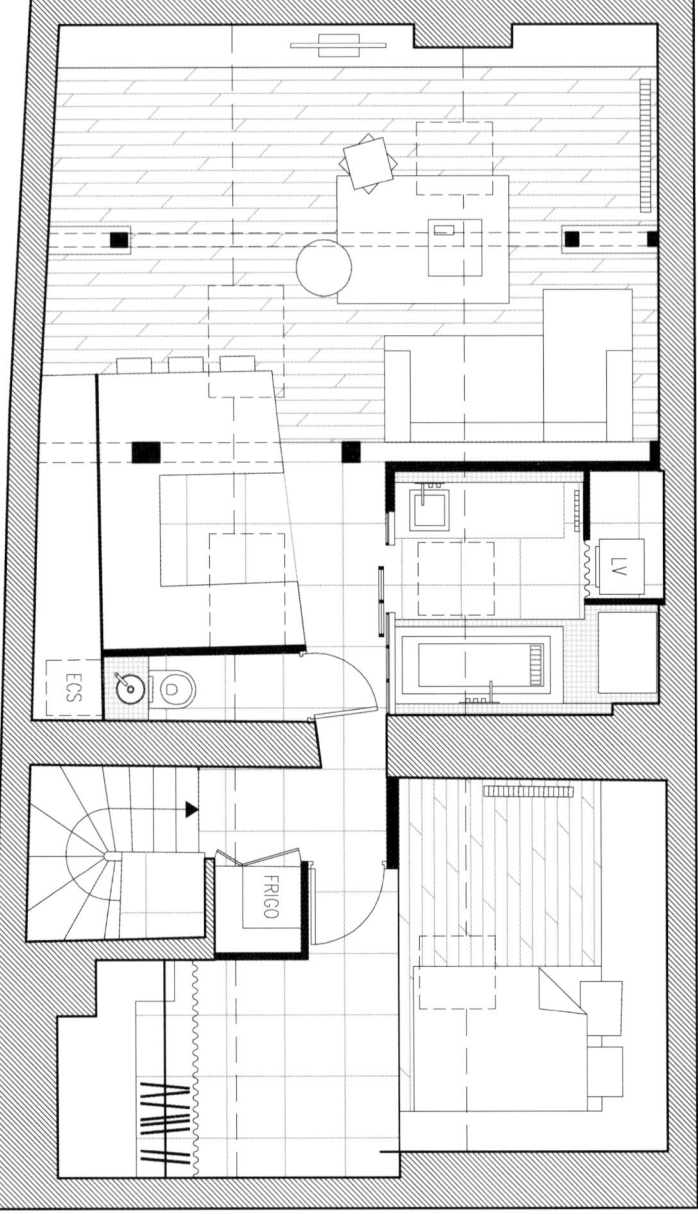

Grundriss

Das Appartement war nicht nur aufgrund des über die Zeit zu erwartenden Verfalls in einem sehr verwahrlosten Zustand. Mangelnde Sorgfalt und schlecht ausgeführten Veränderungen, wie abgehängte Decken, gefährliche Bodenhöhen sowie die unpraktische Gestaltung des Badezimmers und der Küche trugen das Ihre dazu bei. Die Herausforderung bestand darin, aus diesem kleinen und trostlosen Dachboden ein helles und komfortables Zuhause zu machen.

Der Raum wird durch die neue Einteilung optimal genutzt. Die funktionalen Räume, wie die Küche und das Badezimmer, liegen an einem Flur, der Wohn- und Schlafzimmer verbindet. Diese beiden Räume machen einen weitläufigen Eindruck, wenn man sie vom schmalen Flur aus betritt. Das niedrige Mobiliar unterstützt des Gefühl der Geräumigkeit.

Die Küche ist glänzend an den Raum unter der Dachschräge angepasst. Ihr Design ist funktional und nutzt den vorhandenen Platz optimal.

Was dem Appartement in Richtung des Dachvorsprungs an Deckenhöhe und Kopffreiheit fehlt, wird von der Weitläufigkeit des Raums ausgeglichen. Die Architektin hat sich dafür entschieden, den Raum so weit wie möglich zu öffnen, um die Luftzirkulation zu verbessern und Licht in den Raum zu lassen.

Neue Dachfenster wurden eingebaut, um das Bade- und Schlafzimmer heller zu machen, ohne die Privatsphäre zu beschränken, während natürliches Licht durch die Glaseinfassungen tief in den Dachboden einfällt.

NEUTRALE TÖNE GEBEN
DEN TON AN

Das Haus ist ein Schmelztiegel aus dem ursprünglichen Bungalowstil im Los Angeles der 1920er Jahre und Erweiterungen aus folgenden Jahrzehnten. Diese unbeholfene Mischung führte zu unterschiedlichen Bodenbelägen und Fenstertypen, die in Kombination mit den niedrigen Decken für eine uneinheitliche und beengte Atmosphäre sorgten.
Als Antwort auf dieses Durcheinander konzentrierte sich das Design auf zwei Prioritäten: Durch die Materialauswahl sollte die Einheitlichkeit gefördert und durch den Einfall natürlichen Lichts eine offene Atmosphäre erzeugt werden, ohne die Wärme und Gemütlichkeit des Hauses zu verlieren.

Stefani Stein
Los Angeles, Kalifornien, USA

Fotografie © Tessa Neustadt

Der offene Grundriss mit erhöhten Decken verbindet das Wohnzimmer, die Küche und den Frühstücksbereich und schafft so einen hellen und einladenden Raum mit einem Hauch von Üppigkeit und wirkungsvoller Zirkulation.

Über die Erhöhung der Decken, den Austausch der Fenster und der Umgestaltung der Räume hinaus wurden natürliche Materialien gewählt, um dem Haus eine bequeme und entspannte Atmosphäre zu verleihen und die ursprünglichen architektonischen Elemente aus den 1920er Jahren zu ergänzen.

Bentwood-Stühle um einen polierten Marmor-
tulpentisch ergänzen die traditionellen architektonischen Elemente, wie die Einbauregale
und Sitze.

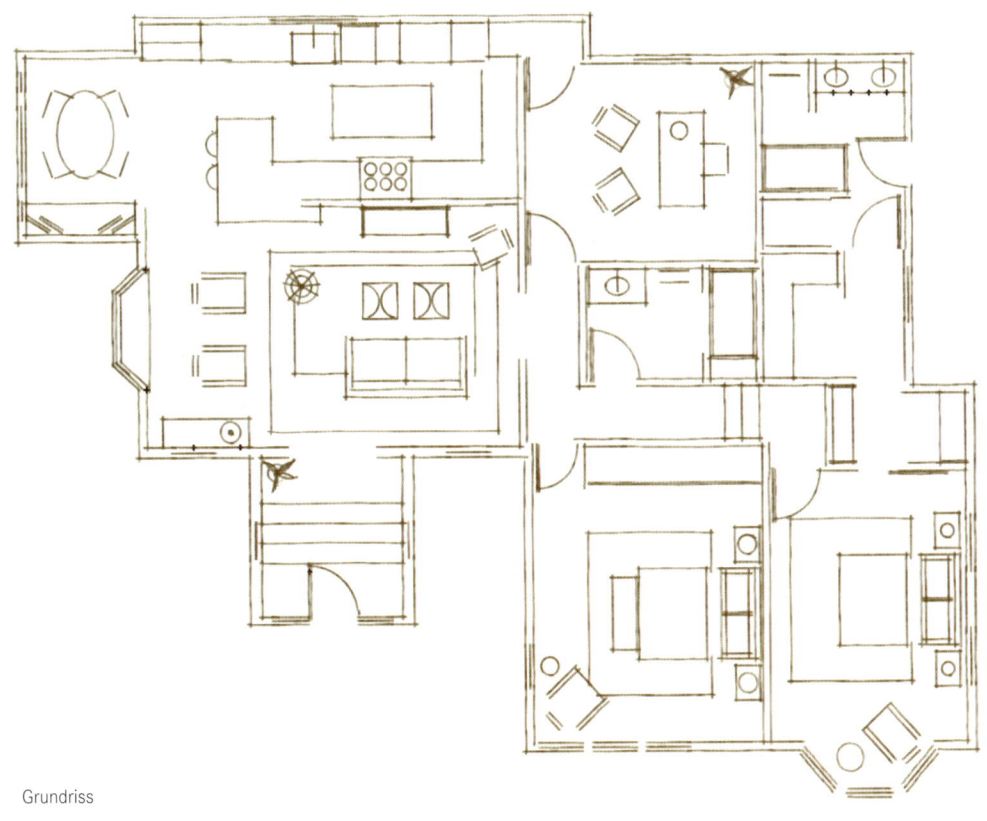

Grundriss

Die Küche ist vielleicht der Teil des Hauses, der das Ziel von Stefanie Stein, nämlich Räume mit einem zeitlosen und einladenden Charakter zu schaffen, am besten repräsentiert. U-Bahn-Fliesen, dunkler Fugenmörtel, Messingbeschläge, weiß gebeiztes Buchenholz, Carrara-Marmor und klassische Verkleidungen sorgen für klare Linien mit klassischem Feingefühl. Die Verzierungen im gesamten Haus leben und entwickeln über die Zeit eine eigene Patina, die dem Raum Charakter und Individualität verliehen wird.

Weiße Wände und Decken wurden mit warmem Eichenholzboden kombiniert, um den Raum zu erden und ihm einen einheitlichen Charakter zuverleihen. Die begrenzte Auswahl an natürlichen und erdigen Tönen unterstreicht die entspannte Atmosphäre im gesamten Haus.

Das Badezimmer kombiniert modernes und traditionelles Design mit Vintage-Elementen aus unterschiedlichen Jahrhunderten für einen vielseitigen und dennoch einheitlichen Look.

PAGES LANE

RENOVIERUNG EINER VIKTORIANISCHEN DOPPELHAUSHÄLFTE

Ein neuer Erdgeschossflügel, Innenhof und Schlafboden unterstreichen den Entwurf einer viktorianischen Doppelhaushälfte und erreichten eine Abfolge miteinander verbundener Wohnräume, die das Sonnenlicht einfangen und sich mit dem Außenbereich verbinden. Die Stärke des Designs liegt im Zusammenspiel von Alt und Neu im Innen- und Außenbereich. Elemente und Details des ursprünglichen viktorianischen Hauses wurden erhalten und in das Design integriert, während ein neuer Garten alte und neue Elemente verbindet, um ein einheitliches Ganzes zu schaffen. Es gibt allerdings Raum für Klarheit zwischen alten und neuen Räumen, die durch die Verwendung von Verzierungen und Detaillierung zum Ausdruck kommt.

Kirkwood McCarthy
London, England

Fotografie © David Butler

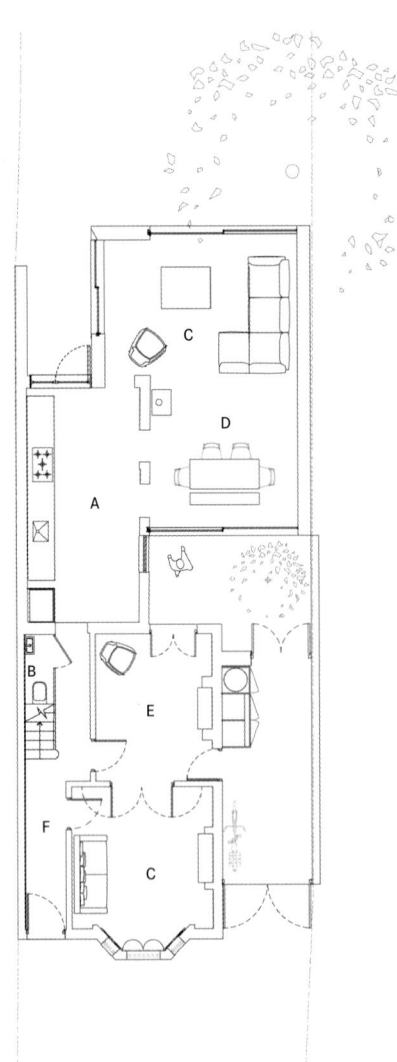

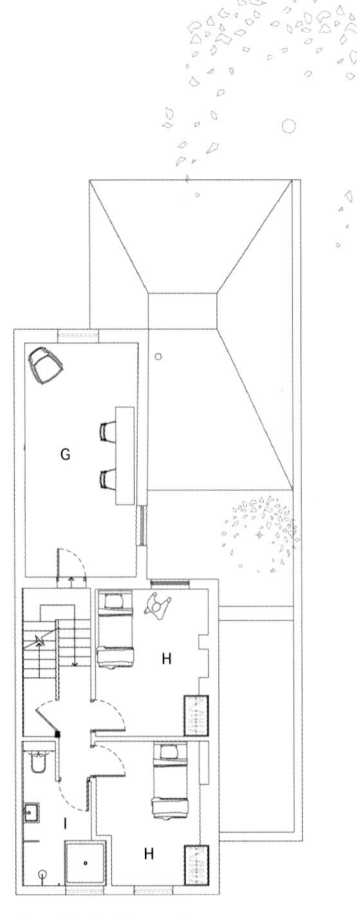

Grundriss 1. Obergeschoss

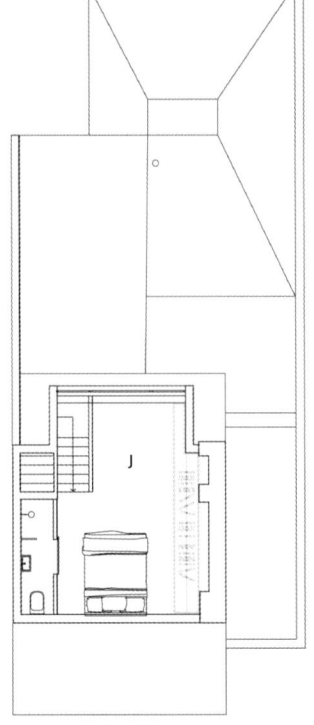

Grundriss 2. Obergeschoss

Grundriss Erdgeschoss

A. Küche
B. Damentoilette
C. Wohnbereich
D. Essbereich
E. Arbeitszimmer

F. Hauswirtschaftsraum
G. Aufenthaltsraum
H. Schlafzimmer
I. Badezimmer
J. Hauptschlafzimmer

Aufriss

Querschnitt

Das vorhandene Grundstück hat, wie das Gebäude, seine Aspekte, und eine ausgewachsene Bergesche diente dem Entwurf des neuen, zinkverkleideten Anbaus. Die Vereinigung der beiden Gebäude generiert einen abgeschiedenen Innenhof, der verschiedene Blickwinkel auf die angrenzenden Innenräume erlaubt.

PAGES LANE

Um den Wohnbereich zu erweitern, integriert der Grundriss die ursprünglichen Außenwände in die Gestaltung. Die bestehenden Öffnungen in diesen Wänden bieten Zutritt zum neuen Anbau und verbessern das Zusammenspiel von Alt und Neu.

Die weichen Grautöne, Holzprofile und Fenster des ursprünglichen Gebäudes stehen in subtilem Kontrast zu den weißen Wänden und den schwarzen Stahlfensterrahmen des Anbaus.
Die feinen Unterschiede zwischen Alt und Neu unterstreichen die einzigartige Ästhetik des Gebäudes. Alle Designelemente sind bedeutungsvoll und dienen der Definierung der Geschichte des Gebäudes.

Die verborgenen Türen in der Verkleidung aus Nut- und Feder-Brettern bieten spielerischen Zugang zum Dachbodenschlafzimmer und einer neuen Toilette unter der Treppe.

HILLSIDE RESIDENCE

NEUINTERPRETATION EINES BESCHEIDENEN BUNGALOWS

Ein Bungalow aus dem Jahr 1927 wurde vor dem Verfall gerettet und anschließend renoviert und erweitert. Diese Erweiterung nahm die Gestalt eines neuen, schwarz gebeizten, zypressenverkleideten Gebäudes an, die im Kontrast zur weißen Fassade des alten Bungalows steht. Eine Glasbrücke verbindet die beiden Gebäude und sorgt für einen neuen Eingangsbereich. Das gesamte Design konzentriert sich auf die Identität und den Charakter, wobei die programmatischen Bedürfnisse nicht unberücksichtigt bleiben. Diesbezüglich spiegelt sich die architektonische Sprache des Außenbereichs im Innern wider.

Alterstudio Architecture
Austin, Texas, USA

Fotografie © Casey Dunn

Mit der Renovierung und Erweiterung liegt der Hauseingang nicht länger an der Hauptstraße, sondern, für einen geschützteren Zugang, an einer leicht ansteigenden Auffahrt auf einer Seite. Der neue Eingang trennt die Funktionen des Hauses in zwei Blöcke: den öffentlichen Raum im Anbau und den privaten Raum im Bungalow.

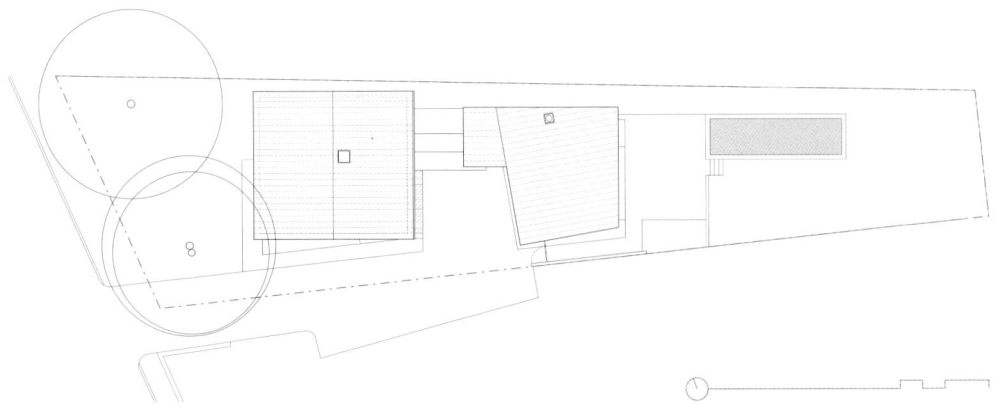

Lageplan

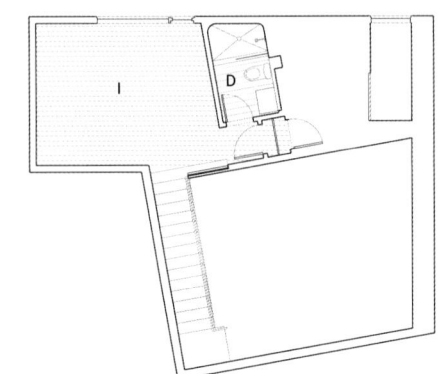

Grundriss Erdgeschoss

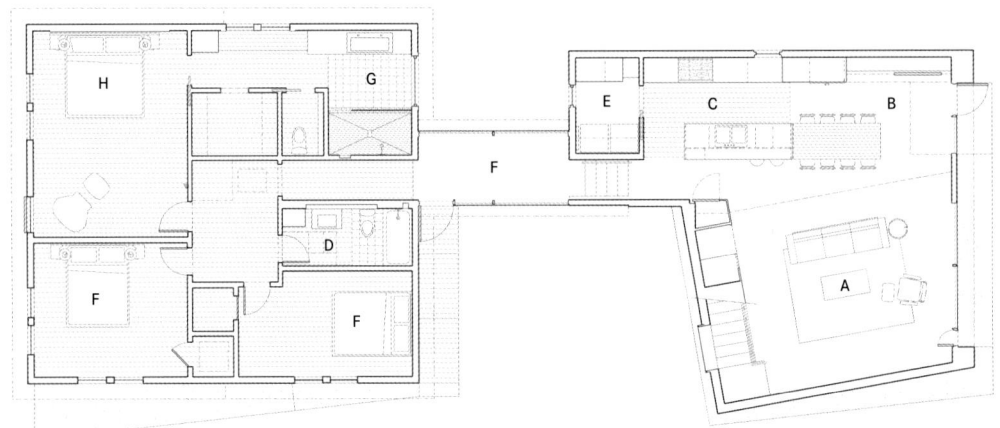

Grundriss Obergeschoss

A. Wohnbereich   D. Badezimmer   G. Hauptbadezimmer
B. Essbereich   E. Wäscheraum   H. Hauptschlafzimmer
C. Küche   F. Flur   I. Büro

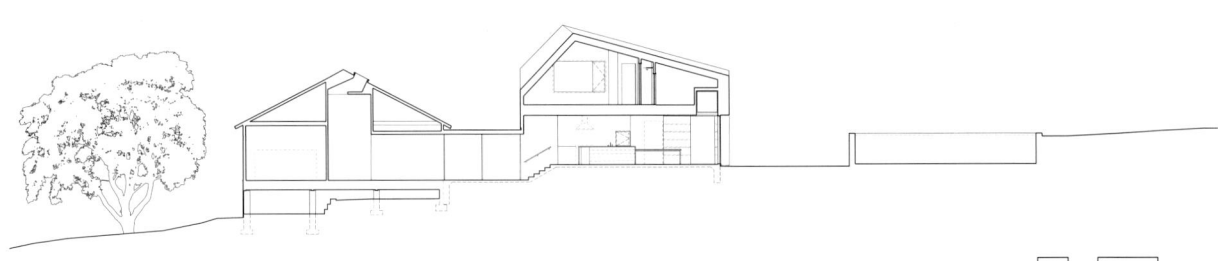

Bauabschnitt

Die Kombination aus Designelementen und Fundstücken ist ein Leitmotiv, das sich über das gesamte Haus erstreckt. Den Esstisch umrundet ein Sammelsurium aus Stühlen, die kaum zueinander passen. Die Lehnen und Sitzflächen der Holzstühle, Familienerbstücke, wurden weiß lackiert, um mit den Eames-Fiberglasstühlen eine Einheit zu bilden.

Die Küche ist das Herzstück des neuen Wohn-bereichs, die sofort für eine lässige und mul-tivalente Atmosphäre in diesem großen Raum sorgt. Eine makellose Inselarbeitsplatte aus Carrara-Marmor steht im Kontrast zur Patina und vorherigen Nutzung der Wandnische der Insel, der Thekenrückseite und dem Esstisch, der aus langen Kiefernholzbohlen besteht, die vom ehemaligen Bodenbelag des Bungalows stammen.

Im Schlafzimmerdekor finden sich die meisten Fundstücke, einschließlich Wandverkleidungen und Kopfteilen aus langen Kiefernholzbohlen, Kunstwerken, alten Segeltuchtaschen und Beleuchtungselementen.

Beautiful
BRITISH
MADE

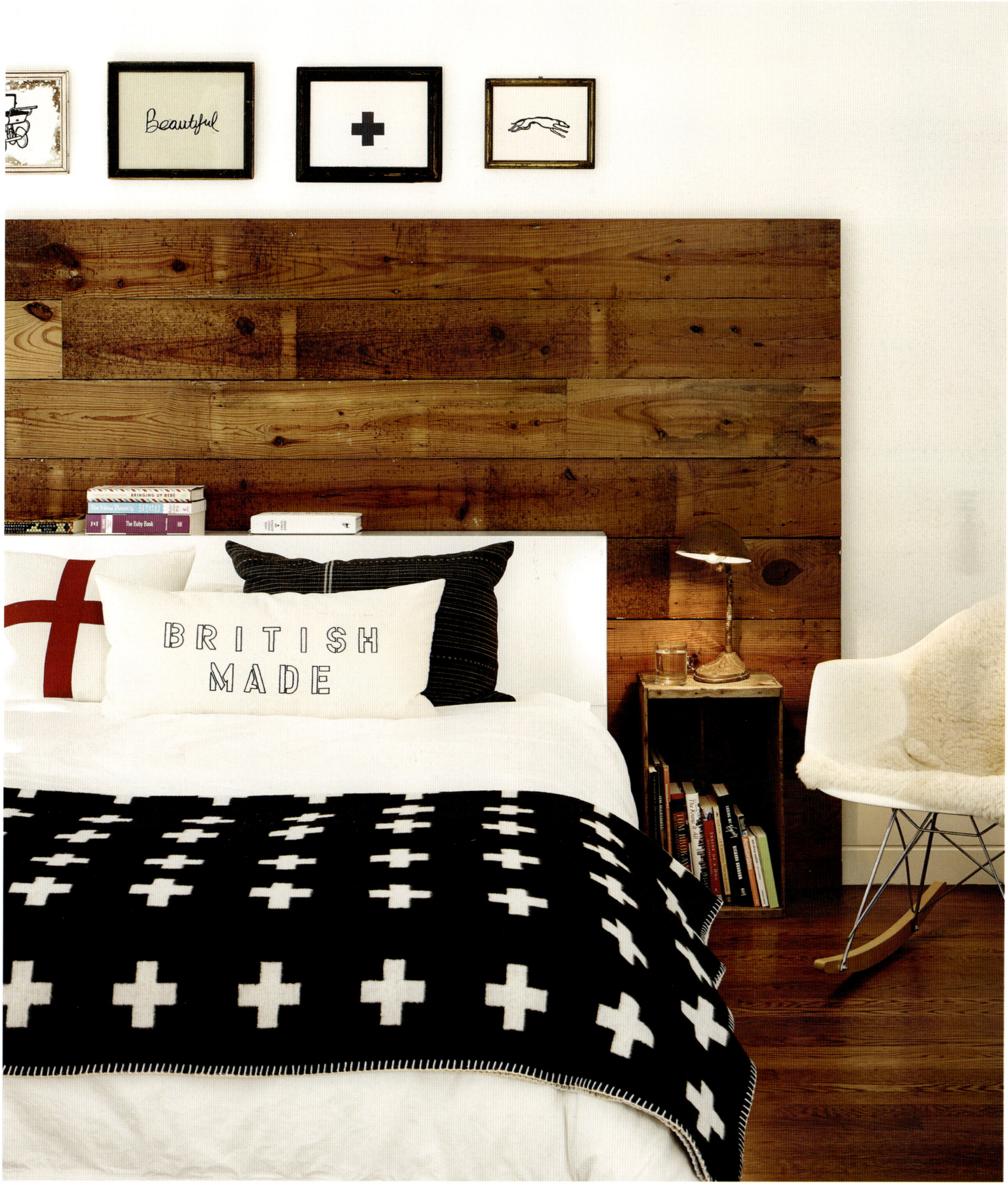

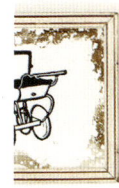

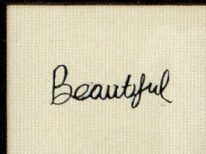

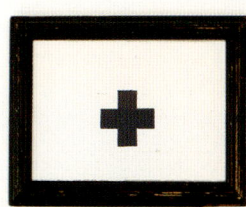

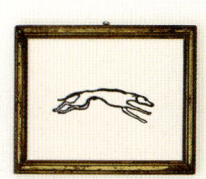

ENTSPANNUNG
IM OLIVENHAIN

———————

Das Haus steht inmitten 500 Jahre alten Olivenbäumen. Sein makelloses Weiß und die strenge Geometrie stehen im Kontrast zur organischen, natürlichen Umgebung. Trotz dieser markanten Diskrepanz ergänzen sich Architektur und Natur in einem nahtlosen Übergang von Innen und Außen.
Das Haus wurde zur Entspannung im Kontakt mit der Natur außerhalb der Reizüberflutung des städtischen Lebens errichtet.

———————

Ark4Lab of Architecture
Thassos, Griechenland

Fotografie © N. Vavdinoudis, Ch. Dimitriou

Eine Reihe von halboffenen Außenbereichen dient als Erweiterung der angrenzenden Innenräume und unterstützt den Kontakt zwischen dem Interieur und dem Olivenhain.

MODERNES MEDITERRANES WOHNHAUS

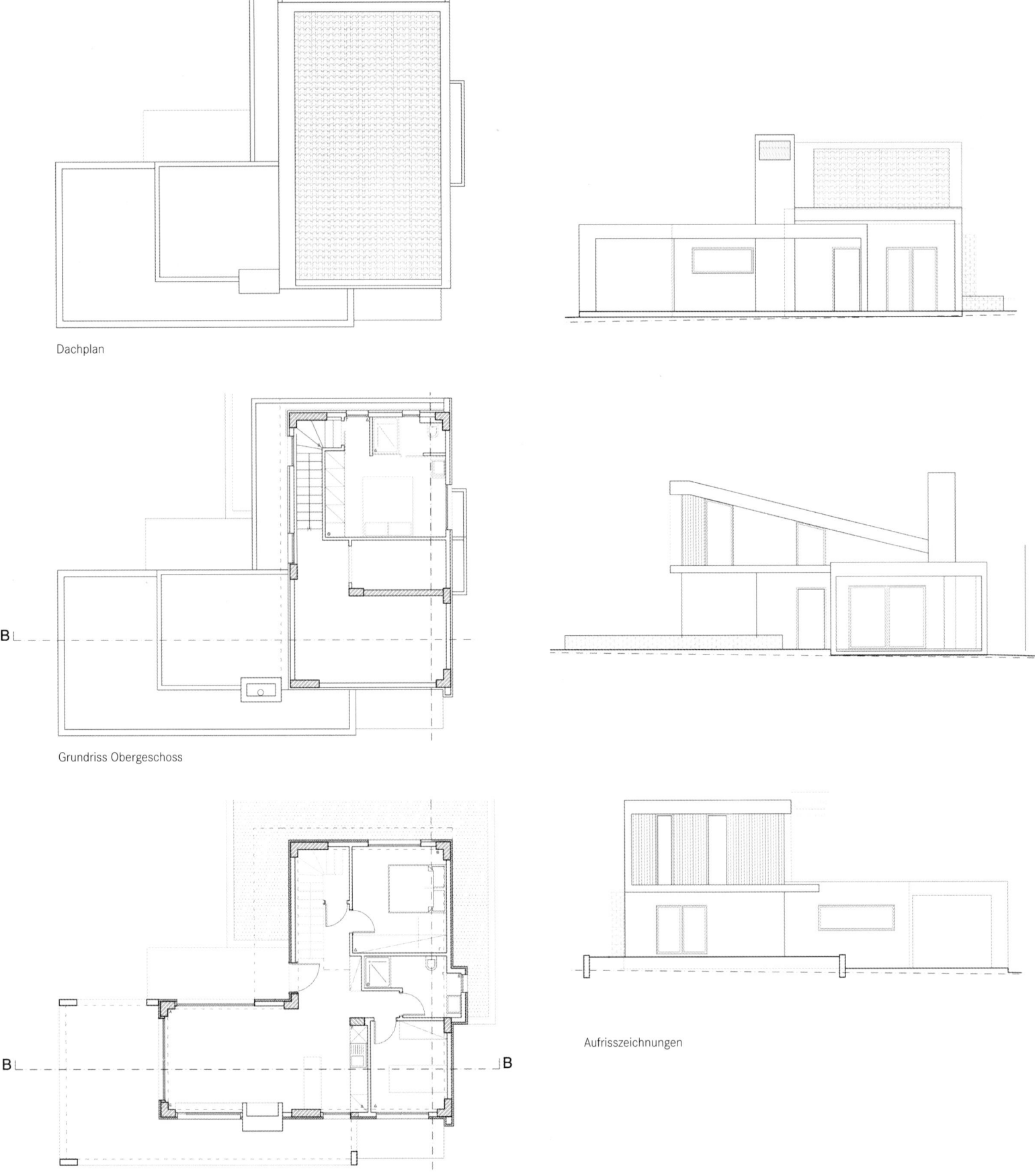

Dachplan

Grundriss Obergeschoss

Grundriss Erdgeschoss

Aufrisszeichnungen

MODERNES MEDITERRANES WOHNHAUS

Die Struktur des Hauses ist minimalistisch, strahlt aber in ihrer räumlichen Organisation und Dekoration Wärme und Gelassenheit aus.

Erdige Farbtöne, natürliche Materialien und ethnische Elemente leisten einen Beitrag zum Charakter des Hauses.

Holz in Kombination mit einer neutralen Farbpalette und einer Fülle natürlichen Lichts schafft klare Oberflächen und eine entspannte, harmonische Atmosphäre.

VERZEICHNIS

PROJEKTE

Alterstudio Architecture
www.alterstudio.net

Ark4Lab of Architecture
ark4lab@gmail.com

Bespoke Only
www.bespokeonly.com

cityhomeCOLLECTIVE
Cody Derrick. Eigentümer /
Designer
www.cityhomecollective.com

Grey Dove Design
www.greydovedesign.com

Kelly and Co. Design
www.kellyandcodesign.com

Kirkwood McCarthy
www.kirkwoodmccarthy.com

Marie Flanigan Interiors
www.marieflanigan.com

Prisca Pellerin
Architecture & Intérieur
www.houzz.de/pro/priscapellerin

Roberto Sosa /
OBRA Design Studio
www.obradesign.com

Sarah Jacoby Architect
www.sarahjacobyarchitect.com

Serge Castella Interiors
www.sergecastella.com

Sophie Dries Architect
www.sophiedries.com

Stefani Stein
www.stefanistein.com

Tatiana Nicol
www.tatiananicol.com

The Vintage Round Top
www.thevintageroundtop.com

INSPIRATIONEN

Ábaton
www.abaton.es
Estate in Extremadura
© Eugeni Pons
p. 34

House in the Country
© Eugeni Pons
p. 75, 90-91, 95

AMM Arquitectes
www.ammarquitectes.com
Farmhouse Remodel
© Eugeni Pons
p. 76

Archilla Peñalver Arquitectos
www.aparquitectos.com
Somo House
© Eugeni Pons
p. 86

Atelier d'Architecture
Bruno Erpicum
www.aabe.be
Alon House
© Eugeni Pons
p. 105, 119

Atemps Architecture
www.atemps.eu
Casamagat
© Eugeni Pons
p. 56

BBSC – Architects
www.bbsc.be
Ca' Mattei
© Eugeni Pons
p. 14, 85, 106-107

Beth Kooby Design
www.bethkoobydesign.com
Pasadena Master Bathroom
© Jeff Herr Photography
p. 96, 97

Pasadena Guest Bathroom
© Jeff Herr Photography
p. 98, 99

Built
www.built.cat
Apartment remodel on Bruc Street
© Eugeni Pons
p. 87

Catalán & Bergnes Studio
www.catalanbergnes.com
Mariano Apartment
© Eugeni Pons
p. 10-11, 59, 111, 112-113

CM Studio
www.cm-studio.com.au
Manly Penthouse
© Caroline McCredie
p. 102

ColectivArquitectura
www.colectiva.pt
Porto Côvo House
© Eugeni Pons
p. 38-39

Durat
www.durat.com
© Durat
p. 103

Estudio Vila 13
www.estudiovila13.com
House in Cala Conta
© Eugeni Pons
p. 8-9, 60, 108